BOLSONÁRIAS

BOLSONÁRIAS

AUTOR

Miguel Reale Júnior

GZ
EDITORA

Rio de Janeiro
2022

1ª edição - 2022

Capa:
Carmen Guerrero

CIP - Brasil. Catalogação-na-fonte.
Sindicato Nacional dos Editores de Livros, RJ.

R223b

Reale Júnior, Miguel.
Bolsonárias / Miguel Reale Júnior. - 1. ed. - Rio de Janeiro: GZ, 2022.
262 p. ; 23 cm.

Inclui índice
ISBN 978-65-5813-047-5

1. Brasil - Política e Governo - Crônicas brasileiras. 2. Bolsonaro, Jair, 1955-. I. Título.

22-78028
CDD: 320.981 CDU: 32(81)

Gabriela Faray Ferreira Lopes - Bibliotecária - CRB-7/6643

GZ EDITORA
e-mail: contato@editoragz.com.br
www.editoragz.com.br

Estrada do Capuava, nº 1325 - Box Q - CEP 06715-410
Bairro Barro Branco - Município de Cotia - SP
Tel.: (0XX21) 99585-0737 / 99755-0737

Impresso no Brasil
Printed in Brazil

A todas as vítimas de
tortura nos porões da ditadura

APRESENTAÇÃO

Em *Bolsonárias*, Miguel Reale Jr. nos oferece, em textos rápidos e precisos, uma sagaz leitura do processo de erosão do Estado democrático de direito colocado em marcha com a ascensão de Jair Bolsonaro à presidência da República.

Combinando profundo conhecimento sobre o direito e grande intimidade com o funcionamento das instituições constitucionais, que ajudou a arquitetar, o jurista Miguel Reale Jr. não se omite ao denunciar - como Cícero nas Catilinárias – os ataques lançados pelo presidente "Bolsonero" contra a democracia brasileira.

O alerta para o risco de um "retorno à ditadura pelo voto" já se fazia presente desde antes da eleição de 2018. A apologia à tortura, ao torturador e à ditadura; a hostilidade ao pluralismo, à democracia e aos direitos humanos deixavam claro que a opção por Bolsonaro convulsionaria a ordem constitucional inaugurada em 1988, pois portador da mesma identidade "nacional populista" que Viktor Orban, na Hungria, Salvini e Beppo Grillo, na Itália, ou Trump, nos Estados Unidos.

A cada artigo publicado no jornal O Estado de S. Paulo, nos últimos quatro anos, Miguel Reale Jr. lançou luz sobre as estratégias de Bolsonaro para fragilizar as instituições, restringir direitos fundamentais e limitar a participação da sociedade civil nas diversas esferas do governo. O recrudescimento da violência de Estado, a liberação das armas de fogo e a constante incitação das classes armadas para agirem à margem da Constituição também não ficaram fora do acurado radar de Miguel Reale Jr..

Com o início da pandemia, o Brasil passou a viver numa espécie de "universo paralelo", diz o nosso autor. O presidente e seus acólitos não apenas negaram a gravidade do COVID-19, mas também retardaram a aquisição de vacinas, a implementação de políticas de mitigação de danos, fomentaram aglomerações, boicotaram governadores que buscavam combater a pandemia e apostaram na tese da imunidade de rebanho, conforme o pedido de impeachment contra o presidente da República, que teve Miguel Reale Jr. como um dos principais redatores.

Bolsonárias vem a público num momento fundamental para que as leitoras e leitores possam revisitar esse dramático período da vida política brasileira e refletir sobre o que está em jogo nas eleições de 2022.

Oscar Vilhena

Professor de Direito Constitucional da FGV São Paulo
e membro da Comissão Arns

NOTA DO AUTOR

Vivemos, desde janeiro de 2.019, em constante desassossego. Houve ao longo dos últimos anos uma persistente manobra de desconstrução da República.

Sob a égide da constituição de 1.988, instaurou-se a democrática integração da sociedade na condução da coisa pública, com intensa participação de setores diversos em conselhos que definiam os objetivos a serem perseguidos pela Administração Pública. Basta lembrar o Conselho Nacional do Meio Ambiente (CONAMA), cuja composição trazia vários membros da sociedade civil. Consagrava-se uma democracia participativa.

Por decreto presidencial, passou-se, contudo, a privilegiar apenas a participação de representantes de órgãos oficiais, até que o Supremo Tribunal Federal, recentemente, entendeu estar o ato normativo eivado de inconstitucionalidade.

Em vez de integração com os Estados e Municípios para o enfrentamento da pandemia da Covid-19, instalou-se uma guerra com as autoridades das unidades federativas, governadores e prefeitos que, de forma responsável, tiveram de tomar medidas de precaução em conflito com um presidente que ridicularizava o combate ao vírus, e até mesmo fazia chacota dos doentes a sofrer com a falta de respiração, além da campanha contra a vacina que nos tem salvado.

Desde de o início, Bolsonaro conspirou para criar desconfiança, sem indicar qualquer prova, à lisura do pleito por meio de urnas eletrônicas, criando via Fake News um clima de insegurança propício para poder contestar o resultado que venha a ser eventualmente negativo.

O presidente, em 15 de março de 2.020, participou de atos contra a ordem constitucional, um deles na praça do exército, com faixas pedindo o fechamento do Congresso e a volta do famigerado AI-5. Culminou com o 7 de setembro de 2.021 na Avenida Paulista.

A cada mês, Bolsonaro veio criando obstáculos à vida pacífica, para fazer surgir abalos à estabilidade e à previsibilidade desejáveis em uma República sem antagonismos e desavenças artificialmente criados.

Colaborando mensalmente no jornal Estado de S. Paulo, no primeiro sábado do mês, me vi obrigado, a cada trinta dias, a escrever com angústia uma apreciação crítica das atitudes de Bolsonaro e do seu governo, denunciando os perigos de seus desígnios autoritários. Cumpre velar pela segurança da República de modo muito mais enérgico do que Bolsonaro por sua destruição. Cabe, então, pela palavra reagir quando o presidente ataca abertamente a República.

Dessa maneira, tal como alertou Cícero em 63 a.C., nos discursos contra Catilina, que perdera a eleição ao Consulado e passara a conspirar, há de se precaver contra as emboscadas existentes dentro do país, pois há um perigo encerrado no centro do poder.

As Catilinárias caracterizam-se como uma defesa intransigente da República contra a conspiração autoritária de um ambicioso destituído de qualquer pudor, sem freios, sem limites, visando à destruição da República.

Por isso, justifica-se a publicação de Bolsonárias, contendo estes artigos de o Estado de S. Paulo e o pedido de impeachment proposto com base nas provas coligidas pela CPI da Pandemia, redigido pelos cinco primeiros signatários e subscrito por diversos advogados do maior renome, muitos que presidiram órgãos da classe dos advogados, bem como por médico psiquiatra que já presidiu a Associação Médica Mundial.

Pode-se em face de Bolsonaro repetir as frases iniciais do primeiro discurso de Cícero contra Catilina[1]:

Afinal, Bolsonaro, até quando abusarás de nossa paciência? Por quanto tempo esse teu furor ainda zombará de nós? Até que ponto tua audácia sem freios se voltará contra nós?

---

1 Para leitura e apreciação crítica das Catilinárias, vide: BARBOSA, Lydia Marina Fonseca Dias. As Catilinárias de Cícero: tradução e estudo retórico. Dissertação apresentada à Faculdade de Filosofia, Letras e Ciências Humanas da USP, 2019. https://teses.usp.br/teses/disponiveis/8/8143/tde-26062019-133122/publico/2019_LydiaMarinaFonsecaDiasBarbosa_VCorr.pdf.

SUMÁRIO

2020

2021

2022

2018

VOLTA À DITADURA PELO VOTO

A nefasta combinação de depressão econômica com a descoberta da corrupção que lavrou no país, atingindo as principais lideranças políticas, provoca, por desinformação, manifestações em favor da volta dos militares ao poder, dando-se apoio ao pré-candidato Jair Bolsonaro, entusiasta dos métodos da ditadura, com discurso agressivo em prol da repressão violenta.

Todavia, cabe, antes, recordar a situação política e econômica nos anos 80. Em agosto de 1.983, Ulysses Guimarães, ao voltar de descanso e recuperação que fizera no interior de São Paulo, solicitou-me que, na condição de presidente interino da Fundação Pedroso Horta do PMDB, organizasse manifestação em favor das eleições diretas e contra a desastrosa política econômica do governo Figueiredo.

Tenho guardada a folha de bloco com o timbre da Câmara dos Deputados na qual Ulysses, com sua letra de médico, anotou no que consistiria o ato: deveria reunir 10.000 pessoas, tendo três temas: eleições diretas, moratória e desemprego.

Misturavam-se a reivindicação política por eleição direta com a análise, junto com economistas como Celso Furtado, João Manoel Cardoso de Mello, Beluzzo e José Serra, da trágica situação econômica que vitimava gravemente as classes média e baixa.

Em carta, assinada por Ulysses, presidente nacional do PMDB, Fernando Henrique Cardoso, presidente estadual e por mim, diretor da Fundação Pedroso Horta, lançava-se o movimento, Fala Brasil. Na carta, dirigida à militância do PMDB e a todas as lideranças da sociedade civil, convocava-se a participar de reunião em 1º. de outubro, na Assembleia Legislativa de São Paulo, com o grito em prol das eleições diretas e de basta ao Decreto 2.045, ao desemprego, à recessão.

Na luta pelas eleições diretas abordava-se, também, a questão econômica, pois se vivia instante de profunda carestia, com inflação galopante e redução drástica do PIB. Com efeito, a inflação era desesperante, superara os 100% em 1.981 e 82. Naqueles meses, julho, agosto e setembro de 83, a inflação atingira mais de 10% ao mês. O PIB fora negativo em 1.981, na ordem de -4,3%, em 1.982 positivo de 0,8 e negativo em 1.983: -2,9%.

Para complicar a situação dos trabalhadores, aprofundou-se a pobreza com os Decretos 2.012, 2.024 e 2.045 que impunham o reajuste salarial menor do que a inflação, levando muitos brasileiros à miséria. O Decreto 2.045 de autoria do "neodemocrata" Delfim Neto, recente conselheiro de Lula, Dilma e do PT, estatuía ser a correção salarial tão só de 80% da variação semestral do Índice Nacional de Preços ao Consumidor (INPC). Situação de penúria igual apenas no segundo governo Dilma, gerador de recessão da qual se começa a sair engatinhando.

Assim, a batalha em favor de eleições diretas não podia se dissociar da discussão da crise econômica que atingia tantos brasileiros. A discussão e propostas para saída da crise enfrentava um regime autoritário, com poucas opções para se criar novos caminhos.

A ditadura vinha sendo enfrentada paulatinamente, com conquistas a cada passo, tendo já em 1.983 passado o pior momento de forte repressão, cassações e tortura nos porões dos quartéis. Esta a ditadura a ser lembrada.

Como presidente da Comissão de Mortos e Desaparecidos por seis anos, constatei os horrores dos "anos de chumbo", quando se prodigalizaram sevícias: choque elétrico, pau de arara, cadeira do dragão, submetendo homens e mulheres à dor física, muitos morrendo nas mãos dos torturadores, sendo enterrados como indigentes ou criando-se a farsa de combate nas ruas no qual teriam perecido.

Por isso, assusta que ainda queiram voltar pelo voto à ditadura, ignorantes do que foi o regime militar seja no campo das liberdades públicas, seja no âmbito da economia.

Assusta ainda mais que o pré-candidato Bolsonaro arregimente adeptos quando suas ideias são manifestamente elogiosas à violência na política. No site www.congressoemfoco.uol.com.br colhem-se frases aterrorizadoras de sua autoria, com indicação dos veículos onde foram publicadas.

Chega o pré-candidato a justificar a tortura e a admitir sua adoção como meio de obtenção de prova ao afirmar: "O objetivo é fazer o cara abrir a boca. O cara tem que ser arrebentado para abrir o bico", nada vendo de mal na sevícia covarde entre quatro paredes para forçar o prisioneiro a falar.

Na votação do impeachment de Dilma, Bolsonaro dedicou seu voto ao Coronel Ustra, antigo chefe do DOI-CODI, centro de investigação dos crimes contra a segurança nacional, homenageando quem, por decisão do Tribunal de Justiça de São Paulo, foi responsabilizado pela inflição de tortura a vários presos políticos.

Espanta a indiferença à repressão como forma de governar ao censurar a ditadura: "O erro da ditadura foi torturar e não matar". Nesta linha de encômios ao assassinato na política, chegou a recriminar Pinochet, que "devia ter matado mais gente". Para Bolsonaro, a ditadura foi condescendente, pois neste período "deviam ter fuzilado uns 30 mil corruptos, a começar pelo presidente Fernando Henrique".

Muitas frases suas, além de indicar o elogio à violência do Estado, mostram desprezo pela liberdade de ser diferente e pela igualdade entre homens e mulheres, a se ver pelas seguintes manifestações: "Seria incapaz de amar um filho homossexual"; "Mulher deve ganhar salário menor porque engravida. Quando ela voltar [da licença-maternidade], vai ter mais um mês de férias, ou seja, trabalhou cinco meses em um ano".

Sem olhar a dor alheia, estampou mensagem aos familiares dos desaparecidos, ansiosos em encontrar seus despojos, ironizando: "Desaparecidos do Araguaia? Quem procura osso é cachorro".

Face a este quadro, qual democrata pode aceitar candidatura presidencial alimentada por tais ideias? Seria a volta piorada da ditadura por via do voto.

SEGURANÇA NA SEGURANÇA

O tema mais sensível da disputa à Presidência da República é o da segurança pública, em vista do desassossego que aflige o cotidiano da população, principalmente nas cidades grandes e médias. A delicadeza da questão está no fator emocional, no medo sentido frente à violência presente nas ruas, além da sensação de impunidade.

Nestas condições, a campanha eleitoral levará candidatos populistas a explorar o problema com propostas simplistas de maior repressão, manifestamente pouco redutoras da criminalidade, mas enganosas.

Vem de ser promulgada a Lei n. 13.675, instituidora do Sistema Único de Segurança, cuja tônica está na busca de integração operacional das diversas unidades de policia (Federal, Militar, Civil, Rodoviária, Municipal) e na criação de rede nacional informatizada para intercâmbio de informações entre as integrantes do Sistema Único. Criar banco de dados criminal de âmbito nacional é essencial para orientar os trabalhos de persecução penal, a ser financiado, como sugerimos em nossa passagem pelo Ministério da Justiça, pelo Fundo de Telecomunicações.

Quanto à integração operacional, posso lembrar minha experiência na Secretaria de Segurança de São Paulo e frente ao Ministério da Justiça. Neste, organizamos forças tarefa compostas pelas Polícia Federal, Rodoviária Federal e polícias civil e militar de São Paulo e de Mato Grosso do Sul, no combate ao roubo de carga, com resultado muito positivo. Para integrar as polícias, outro caminho está em fazê-las ter formação parcialmente conjunta, dividindo salas de aula.

Tais medidas são importantes, mas não suficientes. Onde estão os gargalos da segurança pública? A meu ver, na elucidação dos crimes; na absoluta falta de uma política criminal de cunho social; no sistema prisional produtor de reincidência.

Cresceu vertiginosamente, especialmente em Estados do Norte e Nordeste, o número de homicídios, que nestas regiões alcançam no ano a média de 50 casos por 100 mil habitantes. No assassinato é mais fácil do que no roubo a mão armada apurar-se a autoria, pois o assassino em geral está entre conhecidos agindo por motivação verificável. Assim mesmo, na média, no país, apenas 15% dos casos tem sua autoria esclarecida. No Pará, por exemplo, tão só, 4% dos homicídios são elucidados.

Já no crime que mais amedronta o nosso dia-a-dia, o roubo a mão armada, a identificação da autoria e a instauração de processo, em todo o Brasil, fica na faixa de 1 a 2 por cento. Se não houver flagrante não se alcançam provas de autoria e instala-se a impunidade. Tal demonstra a falta de serviço de inteligência nas investigações e do uso de dados do *modus operandi*, seja para prevenção como para apuração dos crimes. Dos assaltos a mão armada, poucos são elucidados, além da cifra negra, ou seja, dos crimes não notificados à polícia, por saber o cidadão nada adiantar perder seu tempo indo à delegacia. Aí está a impunidade.

No Diagnóstico do Sistema Criminal, que dirigi em 2.000, constatou-se ser grande fator criminógeno a desorganização social nas médias e grandes cidades, com uma periferia destituída de equipamentos viabilizadores de socialidade e de dignidade da pessoa. O único divertimento nos bairros pobres está no boteco, em cujas proximidades ocorre a maior parte dos homicídios.

De um lado, é essencial o fechamento de bares na periferia a partir das 10 horas da noite, medida eficiente experimentada no contorno de Brasília e em Diadema, Estado de São Paulo.

Outra medida essencial está na instalação de juizados lá na ponta dos centros urbanos, contando com a presença de juiz, promotor, defensor público e policiais civis e militares, levando a justiça ao povo. A figura do juiz é forte instrumento de paz social, como se viu em Cidade Tiradentes no fundão da Zona Leste de São Paulo, com o Centro Integrado de Cidadania.

Mas, bom exemplo de redução da criminalidade está na integração social decorrente de atividades culturais e esportivas, como ocorreu em Jardim Ângela, com o programa Criança/ Esperança. As escolas podem ser transformadas em local para atividades esportivas e culturais, como teatro, cinema, oficinas de artes, ensino de pintura, escultura, música. Só assim se abre a oportunidade de desenvolvimento da personalidade aos desassistidos da periferia, ganhando-se como subproduto a redução da violência.

Outra questão reside na situação calamitosa de nossos presídios. O cerne do cumprimento da pena na Lei de Execução Penal vem a ser o trabalho prisional, que constitui um direito, mas antes um dever do preso visando a proteger sua higidez mental e ao mesmo tempo impor controle e disciplina no cárcere. Poucos presídios têm oficinas de trabalho, imperando, ao lado da superlotação, a ociosidade. Tudo conspira para gerar a reincidência.

Imenso é o déficit de presídios próprios ao regime semiaberto de caráter agrícola, industrial ou agroindustrial, de baixo custo, nos quais há trabalho diurno em comum, como passagem obrigatória no cumprimento da pena, para não se transformar indevidamente o semiaberto em aberto, ao se autorizar o trabalho diurno fora da prisão, o que deveria ser exceção e não regra.

O trabalho é fundamental para o condenado, pois ocupa o tempo, gera pecúlio e constitui aprendizado para a liberdade. A organização do trabalho no presídio também leva à redução da influência dos comandos dirigidos pelos presos chefetes da cadeia. Todavia, para evitar a reincidência é básica também a assistência ao egresso, auxiliando-se o liberando a se recolocar na sociedade normalmente hostil ao ex-condenado.

Estas ponderações mostram que se deve evitar os presidenciáveis que gostam de bravatas, aplausos ao esquadrão da morte ou receber juiz a tiro, como já disseram respectivamente Bolsonaro e Ciro Gomes, pois sob sua direção o caminho complexo da segurança será desastroso.

O VALOR DA EXPERIÊNCIA

A radiografia do atual instante do processo eleitoral traz imagem borrada. Há larga indiferença e grande perplexidade, com número significativo de indecisos. Começa a existir, todavia, interesse e preocupação em se fazer uma escolha sopesada. Assim, mesmo no embaçado, podem-se distinguir algumas relevantes circunstâncias.

A intenção de voto dos líderes das pesquisas (Lula e Bolsonaro) é fruto de posições meramente emocionais, adotadas sem reflexão. Lula apesar de preso, condenado, com mais cinco processos criminais a enfrentar, alguns graves, recebe assim mesmo apoio como fruto da memória do seu mandato, quando herdeiro da estabilidade econômica e graças ao boom da economia mundial houve emprego e programas sociais para os mais pobres. Todavia, sem investir em infraestrutura, não preparou o futuro, ao se contentar em incentivar o consumo e a consagrar exonerações fiscais, sem contar o prejuízo da instituição da corrupção sistêmica.

A degringolada da economia e a irresponsabilidade fiscal do governo Dilma, que levaram à mais grave recessão, não atingem Lula, recaindo em boa parte sob as costas de Temer que veio tentando consertar os descalabros da "presidenta". Assim, a figura messiânica de Lula perdura. Não será candidato evidentemente, mas alimenta esta possibilidade para não esfacelar de vez o PT antes do início do processo eleitoral. Pensar em eleição com Lula é isto sim uma fraude junto aos eleitores. Será, todavia, difícil na última hora transferir votos a terceiro pois a adesão a Lula é de caráter pessoal, quase religiosa no Nordeste.

Por sua vez, o voto no deputado Bolsonaro é fruto de ressentimento contra os desmandos da nossa política. Nada o qualifica, pois foi um parlamentar medíocre, despreparado, que encontra sossego no livro cabeceira do torturador Major Ustra. Seu nome cresceu por conta das redes sociais, vendendo a imagem de ser contra o sistema, com desprezo em face das instituições democráticas, levando criancinha a posar em seu colo fazendo o sinal de revolver com a mão. Dos nossos imensos problemas institucionais, sociais e econômicos nada diz e nada sabe. O voto em Bolsonaro é um voto com o estômago, de revolta, impensado, contra tudo sem ser a favor de nada. Voto filho da raiva não do convencimento, razão pela qual Bolsonaro tem elevada rejeição.

Se a eleição estava fora da preocupação, todavia, começa-se a pensar com seriedade na questão como revela pesquisa do Instituto Ipsos, publicado neste jornal em 28 de julho: cresceu a importância do candidato experiente, passando a opção por político veterano a ser de 50%, em face de 44% que preferem um nome novo na política. Danilo Cersósimo do Instituto Ipsos declarou: "Experiência política e administrativa vão acabar pesando muito na campanha".

Nesta linha, ganham espaço os candidatos ex-governadores. Ciro Gomes, todavia, enforcou-se na própria língua. Restam Álvaro Dias e Geraldo Alckmin, apresentando, este, no entanto, altíssimo nível de rejeição por conta do repúdio ao PSDB. Sendo esta uma eleição casada, ao contrário à de 1.989, é importante o candidato a presidente ter apoio nos candidatos a deputado estadual, federal, senador, governador. Mas, a coligação não pode ampliar-se de modo irrestrito, pois é contraproducente ao reproduzir a velha política, unindo partidos apenas por interesses em cargos e posições, sob as bênçãos de políticos condenados no mensalão ou envolvidos no petrolão, as antigas raposas do Brasil, acostumadas a usufruir do poder.

Noticiou-se repetidamente que Álvaro Dias viria a integrar, como candidato a vice, a chapa de Alckmin, que reuniu em torno de si o chamado Centrão, símbolo da política carcomida que vitima o país. Em face destas informações, Álvaro Dias, no domingo passado, em nota publicada pelo site Oantagonista, negou esta possibilidade: "Eu seria um pulha se aceitasse ser coadjuvante de um ajuntamento de siglas e na empreitada de preservar o circo que abrigou todos esses espécimes da velha política. Eu seria igual a todos os outros".

Domingo passado, em restaurante ainda vazio ao meio dia, garçons, homens e mulheres, reuniram-se em torno de mim para sofregamente perguntar em quem se deveria votar, a demonstrar ter começado o processo racional de escolha. Declarei minha opção em favor de Álvaro Dias, exatamente por reunir ética e experiência, com proposta de renovação. Li, então, para os garçons a nota expendida naquela manhã, acima reproduzida, recebida com reflexões e juízos de valor positivos.

Se alvissareiro tal episódio, é cedo ainda, no entanto, para se imaginar que os destinos do país decorrerão de processo mínimo de avaliação de competência, de conhecimento das propostas no plano político institucional e de gestão.

Diante desse quadro, no qual ainda prevalece a emoção, caberá à imprensa esclarecer a população sobre o que de concreto e de sério traz cada candidato, não só submetendo os postulantes a entrevistas, mas fazendo críticas, tecendo observações incisivas sobre a figura e as propostas de cada um. É papel importante da imprensa, por seus meios tradicionais (jornal, rádio e televisão), mas principalmente por via dos canais, blogs e sites de internet, buscar reduzir o grau de irracionalismo que invadiu a esfera política, viabilizando um mínimo de razoabilidade na escolha de quem vai governar.

Cumpre à imprensa ajudar a evitar dois perigos: o aventureirismo de pretensos salvadores da pátria, que esgrimem adjetivos ao sabor do descontentamento geral e a indiferença que consagra o sistema de poder baseado no aparelhamento da administração em vista de escusos interesses de elites irresponsáveis. Frente aos desacertos da nossa política nada pior do que decisões fundadas na raiva ou submissas aos velhos caciques. O Brasil precisa de renovação sem aventura.

ENTRE LES DEUX MON COEUR NE BALANCE PAS

A delação de Antonio Palocci traz o lado negro do PT ao centro do palco, às vésperas da eleição, relembrando, em visão por dentro, o relatado pelas delações da Odebrecht e de outras. Mas, a descrição shakespeariana de Lula desvairado, no primeiro andar do Palácio do Planalto, tendo sonhos mirabolantes com o pré-sal, comandando, como chefe de quadrilha do Estado Criminoso, o esquartejamento da Petrobrás na compra de navios sonda é patético. Não havia terreno santificado, tudo era conspurcado: emendas legislativas, Medidas Provisórias, resoluções de Agências Reguladoras.

O assalto era bem organizado, dirigido do centro do poder, havendo, portanto, todas as garantias da impunidade. Grande parte do dinheiro desviado era drenada para campanhas eleitorais, estando Lula e Dilma sempre cientes dos malfeitos e dos destinos dos dinheiros sujos.

Lula, já condenado pelo recebimento de vantagens e ocultação de bens, pretexta, de dentro do cárcere, inocência, já negada em análise pormenorizada do Tribunal Regional Federal da 4a. Região, responde por processos ainda mais graves, como o do sítio, o relativo à compra dos caças, ao do terreno do Instituto Lula. Dilma, afastada por impeachment como causadora da desgraça de nossa economia, levando o país à maior recessão de nossa história com maquiagem das contas públicas e um desajuste fiscal estrondoso. Responsabilizada pelo TCU pela compra da refinaria de Pasadena, foi presidente da Petrobrás e ministra de Minas e Energia no período de rapinagem da companhia. No entanto, para muitos isto não importa!!! Não há argumentos para a torcida organizada do PT.

Assim, alguns artistas e intelectuais, bem como parcela da população fazem-se de cegos e conseguem alimentar revoltante relativismo ético: a roubalheira do PT, de Lula e de Dilma não é reprovável, não é crime, é perseguição, é golpe. Jamais reconheceram, como caberia, o cometimento de um erro sequer. Vitimizam-se, apenas.

E agora, mesmo condenado por corrupção e lavagem de dinheiro, Lula ainda é ungido por alguns, que não se dão conta de estar o país nesta situação graças à sua ganância de dinheiro e de poder, criador do Estado Criminoso e da corrupção sistêmica, orientando desastradamente a economia no sentido do consumo e da desoneração, linha levada a exageros por sua sucessora. Corrupção e aparelhamento da máquina do Estado destruíram o país, e tudo se passa como se o corrupto condenado, lá atrás das grades em Curitiba, e Dilma nada tivessem a ver com isso.

Lula, preso, fala por seu boneco de ventríloquo, que precisa ir à prisão para saber o que fazer em liberdade e que propõe, no aniversário de trinta anos da Constituição, uma Constituinte autônoma, ou seja, fora das instituições, como se brotassem do nada homens dirigidos como ele pelo mago da prisão para inverter a ordem constitucional. Com Haddad estaremos em insegurança política e jurídica. O PT quer voltar ao Poder, sem fazer o devido mea culpa dos graves erros cometidos, com direito, portanto, a repeti-los, ansiosos seus dirigentes a se auto absolverem.

Do outro lado, um ex-capitão, deputado por sete mandatos, sempre membro do baixo clero, jamais relatou projeto de relevo ou fez discurso importante. Mas, conseguiu encarnar, por falta de modernidade de comunicação dos demais, a bandeira do anti-petismo. Esse deputado inexpressivo, tratado como mito, expressa a garantia de segurança e de ordem em uma sociedade desorientada, sequiosa de ver valer o reconhecimento da seriedade desprezado ao longo do tempo por boa parcela da classe política.

Ao longo de sua carreira, Bolsonaro elogiou a tortura, homenageou o torturador Coronel Ustra. Agora, transformou tripé de fotografia em metralhadora, dizendo que iria fuzilar os petralhas. Nunca disse, contudo, algo em prol dos valores da democracia e das conquistas em benefício dos direitos da pessoa humana. Só se interessa por explorar os sentimentos de vingança de uma sociedade atingida pelo medo da criminalidade. Na cama hospitalar, ao fazer sinal de carabina, até aproxima-se de Mao Tse Tung, para quem o poder nasce do cano do fuzil. Não tem relações sociais ou políticas: é um outsider, um antissistema, que não depende de condenado preso, mas de um posto Ipiranga. Sem densidade, despreza a pluralidade própria do nosso mundo. Vê a sociedade como um quartel.

Seu candidato a vice propõe caminho alternativo de mudança constitucional, por via da criação de comissão de juristas para elaboração de texto a ser submetido a plebiscito, aliás, instrumento a que sempre recorreram ditadores, como Mussolini, Pinochet, Chaves, Fidel Castro. Estaremos em insegurança política e jurídica.

Ambos os candidatos são opções não democráticas, que podem levar à quebra da ordem constitucional.

Ao lado de pessoas comuns, do movimento #Extremos não, apartidárias, dedicadas a ter um país livre do radicalismo, tentei unificar as candidaturas do centro democrático, mas a tentativa bateu na trave, em história a ser contada um dia. Perdeu-se a chance de pacificar o país! O que resta, então?

Seria mais fácil começar a pensar em uma escolha, posto o compromisso absoluto de preservar a Constituição, se:

Haddad deixasse de ser prisioneiro do preso e jurasse não interferir nas apurações da LavaJato, não conceder indulto, graça ou cargos a apaniguados processados ou condenados, bem como recriminasse a Venezuela e outras ditaduras.

Bolsonaro, que saiu da caserna, mas esta não saiu dele, viesse a jurar respeitar a pluralidade e a democracia que se constrói pelo diálogo com o Congresso Nacional e com a sociedade em sua rica diversidade, bem como se renegasse a tortura e a armar a população como formas enganadoras de prover a segurança pública.

Como nenhum dos dois fará o que se sugere, resta o dilema.....

NO ALTO DAS REDES SOCIAIS

Na primeira eleição direta, depois da ditadura, em 1.989, os candidatos dos principais partidos: Ulysses Guimarães, Paulo Maluf, Aureliano Chaves, Leonel Brizola, Mário Covas naufragaram. O povo queria o novo. Foram ao segundo turno Collor e Lula. Collor, candidato pelo pequeno PRN apresentou-se como o caçador de marajás, em luta contra a corrupção do governo Sarney. O populismo prevaleceu sobre a força dos partidos políticos.

De similar com aquela eleição, na deste ano busca-se o novo e há ilusão de que as dificuldades serão superadas pela figura mítica do ungido, sem nenhuma avaliação racional, como crença a pairar longe de qualquer motivo objetivo.

O sentimento antissistema e antiPT, ao simbolizar este partido o aparelhamento do Estado, foi um dos fatores determinantes do processo eleitoral deste ano, principalmente nos municípios mais populosos e de maior índice de desenvolvimento humano (IDHs). Entre os 1.000 municípios de maior IDH, Bolsonaro ganhou em 967; nos 1.000 de menor índice, Haddad venceu em 975.

A população, que se sentia mais independente da tutela estatal, tendeu a votar em favor do novo, ou seja, contra o sistema. Isto repercutiu na eleição de governadores novéis na política, concorrendo por partidos sem expressão. Destaque-se o inexperiente Romeu Zema, na tradicional Minas Gerais, candidato pelo Novo, vencendo o ex-governador Anastasia. Novatos, sem vivência na administração pública, surpreenderam em Estados importantes como Rio de Janeiro e Santa Catarina e no

Distrito Federal, bem como em Roraima e Rondônia. Ao lado disto, velhas raposas foram derrotadas: Romero Jucá, Eunício de Oliveira, Requião.

Mas, estes resultados não decorreram apenas dos sentimentos de rejeição ao velho e de desejo do novo. Há outro fator essencial para este processo ter ocorrido e a ser pensado em seus surpreendentes efeitos.

Já se sentira a força das redes sociais no processo político por via das quais se destituíram governos ditatoriais no norte da África. Se no Egito, depusera-se Mubarak, os movimentos democráticos não conseguiram organizar um governo. A final, fundamentalistas e militares entraram em cena.

No Brasil, as redes sociais mobilizaram imensamente a população em favor do impeachment. Depois, virtualmente, reuniram-se milhões na noite de 29 de novembro de 2016, quando se urdia votar no Congresso o projeto de lei de anistia ao caixa 1 e 2. Em reação, viralizou na internet a *hashtag* #MaiaNovoCunha, que se tornou *trending topic*, conseguindo-se impedir a vitória da impunidade.

O presidente da Câmara, ao saber da repercussão nas redes sociais, suspendeu a sessão por falta de quórum. Temer, no domingo seguinte, convocou, com imprensa presente, Maia e Renan para declarar que não haveria projeto de anistia. Em artigo nesta página, escrevi: "Há uma mudança radical ainda não digerida pela classe política. A democracia representativa deve se adequar ao fato de o povo fiscalizar e cobrar o Congresso pelo Twitter, Facebook, Instagram, Telegram, WhatsApp".

Agora, foi-se mais adiante: a força das redes sociais se fez presente, e contundentemente, em uma eleição para presidente e governador. É uma nova democracia, sobre a qual restam ainda muitas perguntas.

Se já não tínhamos partidos políticos, substituídos por frentes parlamentares ou bancadas, com seus líderes processados por corrupção, agora sim, surgiu um golpe fatal, com uma forma de democracia direta pela via virtual.

Os órgãos intermediários fundamentais em uma democracia representativa não mais exercem algum papel. Bolsonaro ganhou a eleição sem partido, sem tempo de televisão, sem deputados, sem fundo partidário, sem governadores do seu partido, sem programa de governo discutido com a sociedade. Apenas pregou monossilabicamente alguns princípios conservadores. Por outro lado, sindicatos, órgãos de classe, entidades associativas, igrejas exercem menos influência do que os grupos de WhatsApp, acessados a cada instante.

Cada qual se sente potente ao opinar na rede social. Todos são iguais perante a internet: este o novo direito fundamental. O excesso de mensagem contrasta com a escassez de reflexão, pois o que importa é ter opinião, sentir-se participante.

Como diz o cientista político da Universidade de Cambridge, David Runciman, em entrevista à Revista Época (edição de 29.1018), a crise de confiança na democracia atinge o pacote democrático composto por eleições, partidos políticos profissionais, sindicatos, programas de políticas nacionais e escolha entre direita e esquerda.

Na falha de corpos intermediários a mediar as reivindicações, cada qual não busca meios de ser representado. Se apresenta diretamente por via das redes sociais. Como sobreviverá a democracia sem partidos, cujos resultados brotam da árvore frondosa das redes sociais? Este é o grande desafio.

No Brasil, a questão é ainda mais angustiante: a imensa participação nas redes sociais e a desmedida expectativa de resolução das dificuldades, quase que por um passe de mágica, apenas por nos livrarmos do PT, levam ao risco imenso de uma breve desilusão.

Bem ao contrário de solução imediata e fácil, as decisões políticas e técnicas, em vista de nossa realidade complexa e complicada, exigem massa crítica no exercício da reflexão, sabedoria e traquejo políticos, escolha bem pensada de prioridades, limites de campos de combate, virtudes por ora não reveladas no front do presidente eleito.

Para estilo de pessoa do ex-capitão, ora presidente, sugere-se, que é preciso, como fazia o sábio Dr. Ulysses, ter a paciência de ouvir e ouvir, para só bem mais tarde decidir. Além do respeito à liberdade, é preciso abrir frentes de interlocução consistentes com a sociedade, para deixar de ser um presidente solitário no alto das redes sociais.

BRASIL ACIMA DE TUDO

No centenário do fim da primeira guerra mundial, no mês passado em Paris, o presidente francês, Emmanuel Macron, foi incisivo em condenar o nacionalismo por ser justamente o oposto ao patriotismo, a ponto de o trair. A lição da guerra, disse, não foi o rancor, mas a amizade que se criou entre a França e a Alemanha.

Mitterand já dissera que o nacionalismo é a guerra. De Gaulle tem frase famosa distinguindo o patriotismo do nacionalismo e vale repetir seu ensinamento: O patriotismo significa que o amor por seu próprio povo vem em primeiro; o nacionalismo, todavia, consiste em que o ódio aos demais povos vem em primeiro".

Becker e Krumeich (La grande guerre – une histoire franco-allemande) dois autores, um francês e outro alemão, em obra conjunta, decifram o núcleo da primeira guerra mundial, que, a seu ver, foi antes de tudo uma guerra entre França e Alemanha, tendo por palco seus territórios e por vítimas principais seus filhos. Originou-se ela por sentimentos de vingança, fruto de um nacionalismo irracional, que nada tinha a ver com a vivência de valores de cada uma das pátrias. O nacionalismo foi a causa.

O patriotismo, enquanto compreensão do próprio modo de ser ao longo da história, para afirmação de uma individualidade aberta ao diálogo com as demais pátrias revela-se generoso. O nacionalismo, no entanto, fecha-se como uma religião laica, no dizer de Vargas Llosa, para em atos de fé encarar outras nações como inimigas. Na contramão do presidente francês está o nosso presidente eleito, que se filia ao nacionalismo belicoso à moda de Trump.

O slogan do presidente eleito, "Brasil acima de tudo, Deus acima de todos", não é apenas uma frase de efeito propagandístico. Revela-se, neste dístico, uma contraposição inicial: o Brasil acima de todos consiste em uma declaração de supremacia em face dos demais países, e logo em seguida o reconhecimento apenas de uma única outra força maior, superior, a de Deus.

A nação estará a serviço de Deus e todos estarão a serviço de ambos, da nação e de Deus. O que deveria ser um compromisso subjetivo a brotar da convicção íntima de cada qual se socializa na missão de se engrandecer o Brasil para a glória de Deus. Desfaz-se o Estado laico.

Assim, não poderia ser outro o novo chanceler, cujas ideias, expressas em artigo Trump e o ocidente (Cadernos de Política Exterior, ano III, n. 6, 2º. semestre de 2.017, p. 323) casam-se perfeitamente com o pan-nacionalismo teocrático de Bolsonaro.

O novo chanceler em breve entrevista, após a sua indicação, já repetiu o slogan "o Brasil acima de tudo, Deus acima de todos". No artigo referido, defende ardorosamente o nacionalismo, ataca o cosmopolitismo, os órgãos multinacionais e considera o Estados Unidos a única sede legítima de resistência dos valores ocidentais, pois a fé cristã morreu na Europa, mas viceja nos EUA. A seu ver, a Europa é um espaço culturalmente vazio regido por valores abstratos.

Clima de confronto instala-se ao não realçar o entendimento entre as nações como projeto, como atividade, pois destaca uma retrospectiva, um olhar para trás em enaltecimento dos antepassados e na criação dos mitos. Ressalta, então, que o ocidente não nasceu no diálogo nem na tolerância, mas sim na defesa de sua própria identidade.

Os valores, a seu ver, só existem dentro de uma nação, no seio de uma cultura, e não em uma espécie de éter multilateral abstrato. A identidade surge nas nações e o nacionalismo é indissociável da essência do Ocidente.

Diz, então, o diplomata: o centro do Ocidente está não em uma doutrina econômica ou política, mas no anseio por Deus, no Deus que age na história. Um pannacionalismo atuará pela família, pela liberdade, pelo país e por Deus. E a defesa desses valores dependerá da saúde e robustez nas nações. O Estado-nação é o veículo melhor para elevar a condição humana, diz o novo chanceler.

Aí está apresentado o ideário anti-iluminista, pois a grande conquista do Ocidente, o Estado de Direito Democrático não é considerado o valor nuclear do Ocidente. Este valor não se situa no conceito abstrato universal constante de todas as declarações de direitos: "Todos os seres humanos nascem livres e iguais em dignidade e direitos".

Este princípio fundamental torna-se, portanto, irrelevante em face de uma visão orgânica de comunidade na qual se desenrola a história na qual Deus age. Importantes são valores e crenças forjados em determinado território, bem como a família, os heróis míticos do país e Deus, a serem preservados e louvados pelo Estado-Nação.

Neste diapasão não poderia deixar de haver desprezo pelo cosmopolitismo, visto como um complô para dissolução dos valores do ocidente, mantidos unicamente pelo nacionalismo norte americano, em vista do que merecem a maior desconsideração as decisões da corte de direitos humanos ou os documentos da Comissão Europeia....

De outro lado, além do ideário político pan-nacionalista, no plano econômico, o país estará entregue à linha dos Chicago's boys, de cunho ultra-liberal, promovendo o receituário de menos Estado, menos gastos públicos, mais privatização dos serviços essenciais, mais confiança de que o mercado se ajeita por si mesmo na redução das imensas desigualdades do nosso país.

Nem mesmo se pensa em um Liberalismo Social, como sugeriram Miguel Reale, no final da vida, e José Maurício de Carvalho. No Liberalismo Social, respeita-se o mercado como agente de produção de riquezas, reservando, todavia, ao Estado o papel regulador da vida social, articulador e promotor de políticas sociais importantes nas áreas de saúde, como a criação da rede preventiva de saneamento básico, e de boa escola pública em todos os *níveis*, especialmente de creches e pré-escola em tempo integral. Mas, nem isso.

Tempos estranhos nos esperam.

2019

CONTRA O PACTO E CONTRA OS BRASILEIROS

A migração tem se tornado problema em todos os continentes, com significativas populações deslocando-se para habitar outras terras, trazendo problemas sociais, mas, ao mesmo tempo, contribuindo para o desenvolvimento dos locais de destino.

Hoje mais de 250 milhões de pessoas estão em outros países como imigrantes regulares ou irregulares, sendo esta uma questão a ser enfrentada pelo conjunto das nações, como reconhecem os 160 signatários do Pacto Global da Migração, firmado dia 10 de dezembro em Marrakesh, no 70° aniversário da Declaração dos Direitos Humanos da ONU.

O Brasil e a América Latina tiveram intensa participação na elaboração do Pacto Global da Migração, fruto do trabalho de anos, como explicou Alícia Barcena, diretora da CEPAL (Comissão Econômica para a América Latina). As cinco comissões econômicas regionais das Nações Unidas ajudaram a compreender as causas e o tamanho das migrações, bem como a característica das pessoas: seus idiomas, habilidades, necessidades de saúde, nutrição e educação.

Assim, foi possível perceber, como se assinala no Pacto, a importância da união, do espírito de cooperação, no qual todos ganham, ao se criar uma estrutura juridicamente não vinculativa, fruto do reconhecimento de que nenhum Estado pode abordar a migração por conta própria, devido à natureza intrinsecamente transnacional do fenômeno.

Conforme Antônio Gutierrez, Secretário Geral da ONU, o Pacto Global de Migração além de não ser juridicamente vinculativo, tem a natureza de uma cooperação internacional, enraizada em um processo intergovernamental de negociação de boa fé.

Dessa maneira, há proteção da soberania de cada nação, preservando-se o direito soberano dos Estados de determinar sua política nacional de migração e a prerrogativa de, dentro de sua jurisdição, distinguir entre o status de migração regular e irregular, levando em consideração diferentes realidades, políticas, prioridades nacionais para entrada, residência e trabalho.

O Pacto Global, todavia, acentua dever-se respeito ao estado de direito, ao devido processo legal e à garantia de acesso à justiça como elementos fundamentais para se impedir discriminações e permitir a concessão de serviços básicos e a viabilidade de inclusão e coesão social. A inclusão começa pela possibilidade de obtenção de prova de identidade legal e documentação adequada, para em seguida poder haver um recrutamento justo e ético de modo a salvaguardar condições de trabalho decente, não similar ao trabalho escravo.

Dois segmentos merecem especial atenção no Pacto Global de Migração: as crianças e as mulheres. Quanto às mulheres, recomenda-se que suas necessidades específicas sejam devidamente compreendidas e abordadas e seja fortalecida a igualdade de gênero. Com relação às crianças, acentua o Pacto ser prioritário o atendimento de suas exigências primárias, mormente os meninos e meninas desacompanhados e separados de sua família.

Em vez da prisão e do envio forçado ao país de origem, propõem-se medidas para facilitar o regresso e a readmissão seguros e dignos.

Mas, para buscar promover a migração regular e controlada, o Pacto sugere prevenir, combater e erradicar, com cooperação, o tráfico de pessoas no contexto internacional, além de gerenciar as fronteiras de forma integrada com os países vizinhos. Em suma, deve haver uma política de governo, pois importa em integrar diversos setores da administração, em linhas vertical e horizontal.

Dois aspectos merecem destaque com referência ao Brasil: primeiramente, a absoluta convergência do texto do Pacto Global de Migração com o teor da nossa legislação, a recente Lei n. 13.445/17, e a relevante circunstância de sermos hoje tanto um país de imigração como de emigração.

Com efeito, há atualmente cerca de 2 milhões de estrangeiros no Brasil como imigrantes, definidos como pessoa nacional de outro país que trabalha ou reside e se estabelece temporária ou definitivamente no Brasil, aqui estando de forma regular ou irregular. Sucede, todavia, conforme números do Ministério das Relações Exteriores, que há número maior de brasileiros instalados no exterior, ou seja, emigrantes brasileiros estabelecidos temporária ou definitivamente no exterior. Há cerca de 3 milhões de brasileiros nesta condição.

Assim, é de grande interesse para nossos compatriotas, residentes de forma regular ou irregular no estrangeiro, que o Brasil seja signatário do Pacto, para os brasileiros receberem, lá fora, os benefícios concedidos pela nossa lei aos imigrantes.

A recente lei, a ser respeitada, consagra, por exemplo, os seguintes princípios em favor dos imigrantes: promoção de entrada regular e de regularização documental; acolhida humanitária; garantia do direito à reunião familiar; inclusão social e laboral ao migrante e a seus familiares.

Tais princípios estão em consonância com o proposto pelo Pacto Global de Migração, que, no entanto, tão logo assinado pelo nosso então Ministro das Relações Exteriores, Aloysio Nunes Ferreira, foi, precipitadamente, anunciado pelo novel Ministro das Relações Exteriores, pelo Twitter, como a ser denunciado pelo Brasil: "O Governo Bolsonaro se desassociará do Pacto Global de Migração por ser um instrumento inadequado para lidar com o problema, pois a imigração não deve ser tratada como questão global, mas sim de acordo com a realidade e a soberania de cada país".

Importante conclusão do Pacto foi no sentido de a questão só poder ser enfrentada em conjunto pelas nações, em cooperação, com boa fé, sendo o Pacto não vinculativo e respeitador da soberania dos países. O novel chanceler, curiosamente, diz exatamente o inverso, isolando nosso país no concerto internacional e deixando, no exterior, os brasileiros desassistidos, enquanto nossa lei, aqui, protege os estrangeiros.

AMBIVALÊNCIA

O primeiro mês da gestão Bolsonaro indica as imensas dificuldades vividas pela nova equipe governamental. Esta conclusão não é novidade para quem analisou a carreira do capitão deputado federal, figura irrelevante da Câmara ao longo de 28 anos.

Tratado por mito, Bolsonaro não precisou, ainda mais como vítima de atentado a faca, dizer ao que vinha, ausente de todos os debates e limitando-se às poucas palavras cabíveis em mensagens por WhatsApp. Defensor da violência policial, e até mesmo da tortura, era sua marca fazer gestos de revólver ou espingarda, figurando-se como inimigo incansável do crime.

Dois fatos importantes, ligados ao seu campo de preferência, ou seja, ao uso de armas, merecem destaque neste mês: a ligação de seu filho, o senador Flávio Bolsonaro com o ex-capitão da PM do Rio de Janeiro, Aureliano Nobrega, chefe de perigosa milícia da zona oeste da cidade; e o decreto que ampliou em muito o direito de posse de revólver ou espingarda pelos brasileiros de todo o país.

O vínculo do Senador Flávio Bolsonaro com o ex-capitão Aureliano da Nobrega, líder da milícia Escritório do Crime, constitui dado grave, pois mesmo preso preventivamente sob acusação de homicídio, Aureliano recebeu, graças a Flávio, então deputado estadual, elevada comenda do Legislativo fluminense, a medalha Tiradentes, igualmente outorgada ao major Ronald Pereira, outro líder da milícia. A mulher e a mãe de Aureliano, por anos, trabalharam até novembro passado no gabinete de Flávio Bolsonaro. O próprio presidente Bolsonaro na Câmara dos Deputados fez a defesa de Aureliano e exaltou as milícias.

Estes fatos levaram à tergiversação, pois em entrevista à TV a cabo Bloomberg, o presidente disse: "Se por acaso Flávio errou e isso ficar provado, eu lamento como pai. Se Flávio errou, ele terá de pagar o preço por essas ações que não podemos aceitar". Esta manifestação gerou elogios pela imparcialidade frente ao erro, a ser punido mesmo que praticado por seu filho.

No entanto, logo em seguida, entrevistado pela TV Record, o presidente claudicou e no pior paternalismo disse sobre o filho: "Ele tem explicado tudo o que acontece com ele nessas acusações infundadas. Não é justo atingir um garoto para tentar me atingir.... A pressão enorme em cima dele é para tentar me atingir. Ele esteve com o seu sigilo quebrado, fizeram uma arbitrariedade em cima dele".

O senador transmuda-se em garoto, menino perseguido para atingir o pai, sofrendo "acusações infundadas", a mostrar que era apenas breve jogo de cena a correta e digna exigência de sancionar o erro do filho, se constatada sua falta.

Próprio da ambivalência do governo durante este mês, passou o presidente de postura corajosa de imparcialidade, para mais do que mera defesa do filho, ao adotar o "coitadismo", desenhando o senador como um garoto envolvido em rede de arbitrariedades e acusações infundadas.

A "luta contra o crime" já serviu para justificar homenagens aos criminosos, chefes de milícia. Servirá agora como desculpa para não se investigar o novel senador da república?

No âmbito de pretensa defesa contra o crime, surgiu o decreto presidencial que ampliou a posse de armas, podendo cada brasileiro sem antecedentes deter até quatro armas, constando como condição para aquisição de revólver que o cidadão resida em unidade da federação, cujo índice de violência apresente mais de dez homicídios por cem mil habitantes, no ano de 2016, conforme os dados do Atlas da Violência 2018.

Valeu-se o presidente e sua equipe do Atlas da Violência produzido pela IPEA, mas ignorou este mesmo Atlas que, no capítulo relativo ao uso de armas, enfatiza o papel central exercido pelo controle responsável de armas de fogo para a segurança de todos. Tanto é assim, que destaca o Atlas o crescimento vertiginoso do número de homicídios nas regiões Norte e Nordeste, tendo por uma das causas a não aplicação do estatuto do desarmamento.

Em 2.016 Manifesto de 57 especialistas,(igarape.org.br/manifesto-contra-a-revogacao-do-estatuto-do-desarmamento), dentre os quais se pode lembrar Alba Zaluar, Cláudio Beato e Daniel Cerqueira, Sérgio Adorno, assevera: "estudos levam à conclusão inequívoca de que uma maior quantidade de armas em circulação está associada a uma maior incidência de homicídios cometidos com armas de fogo. E fazem um alerta: "a miséria da política de segurança no Brasil nasce quando leis são formuladas sem levar em conta o conhecimento científico acumulado em anos de pesquisa".

Valiosa síntese dos mais importantes estudos sobre a posse de armas como indutora de crimes e não como redutora da violência é apresentada por Thomas Conti (thomasvconti.com.br/2017/dossie-armas-violencia-e-crimes) segundo o qual: "a literatura empírica disponível é amplamente favorável à conclusão que a quantidade de armas tem efeito positivo sobre os homicídios, sobre a violência letal e sobre alguns outros tipos de crime".

Examina Thomas Conti trabalho de Donohue e outros, reputado como a mais relevante pesquisa sobre posse de armas nos Estados Unidos, cuja conclusão é no sentido de que a liberação do uso de armas está associada a maiores taxas de crimes violentos.

Em momento constrangedor, o ministro da Justiça, Sérgio Moro, ao ser entrevistado na Globonews, disse serem não confiáveis as pesquisas indicativas do risco da posse de armas. O estudo do IPEA serviu como base para autorizar a posse de armas para brasileiros de todos os Estados, mas nega-se valor a este mesmo estudo na parte relativa ao efeito da posse de armas.

Dois pesos e duas medidas: primeiro, o senador, se errado, deve ser punido; depois, o senador passa a ser um garoto perseguido. O Atlas de violência dá o critério para posse de armas; depois é inconsistente ao destacar o malefício da posse de armas. Ambivalência: por ora a marca do governo.

O ESTAMENTO BUROCRÁTICO

A maior preocupação de Dr. Ulysses Guimarães, a partir do texto produzido pela Comissão de Sistematização na Assembleia Nacional Constituinte, dizia respeito à previdência social, em vista dos benefícios concedidos ao servidor público e ao valor mínimo da aposentadoria no setor privado.

Em reuniões prolongadas com técnicos em cálculo atuarial, faziam-se exames de receita e despesa para ver se a conta fechava. Havia, então, diferença em face dos dias atuais, com taxa menor de desemprego e reduzido índice de trabalho informal (revistas.fee.tche.br/index.php/indicadores), sem o elevado número de hoje dos não contribuintes do INSS.

Mas, a questão principal consistiu na criação de duas distintas camadas sociais. No primeiro degrau, ficou colocada a massa de trabalhadores do setor privado; acima, o estamento burocrático, composto pelos servidores públicos dos três Poderes das unidades da federação: União, Estados e Municípios.

Raymundo Faoro, em Os Donos do Poder, bem assevera que "o estamento burocrático comanda o ramo civil e militar da administração e, dessa base, com aparelhamento próprio, invade e dirige a esfera econômica, política e financeira".

Com a supremacia do estamento, instala-se a forma patrimonialista de exercício do poder, que atua segundo critérios personalíssimos, confundindo o público e o privado. O importante era ter a caneta que nomeia, cimentando-se a rede de relacionamento entre os detentores do poder, na qual vige a cordialidade de que fala Sérgio Buarque de Holanda.

A prevalência do estamento burocrático, cujas origens remontam ao Brasil colônia, instaurou-se ao longo da História. Mas na Assembleia Nacional Constituinte as corporações dos diversos segmentos da administração pública se fizeram especialmente presentes. A Lava Jato constitui a primeira grande brecha aberta neste sistema de domínio político e social.

A Constituinte foi uma passarela na qual passaram de índios a magistrados - da tanga à toga – sendo, todavia, mais que tudo, o palco da atuação dos lobbies dos setores organizados do serviço público: as equipes de ação continuada dos ministérios públicos estadual e federal, dos juízes, das polícias militar e civil, dos advogados públicos, dos militares das três armas, do funcionalismo em geral.

Além dos pontos específicos que cada corporação buscava introduzir, esse desfile de grupos de pressão do estamento burocrático estabeleceu precisa divisão de dois tipos de aposentadoria: (i) a os trabalhadores do setor privado, cujos proventos têm remuneração máxima, pelo INSS, correspondente a cinco salários mínimos, com desconto da contribuição; (ii) a dos servidores públicos de todos os poderes e de todos os níveis, que recebiam, segundo o texto original, remuneração integral ao ganho na atividade, sem desconto da contribuição, majorados os proventos conforme o reajuste dado aos servidores em atividade.

Os presidentes Fernando Henrique, Lula e Michel Temer tentaram, com dificuldades, modificar o sistema imposto pela Constituição, seja ao setor público como ao privado, pois, com o aumento da expectativa de vida, havia (e há) uma bomba nas contas públicas. O maior obstáculo sempre foi a força dos grupos de pressão das corporações do setor público.

Após três anos de tramitação, a emenda modificativa da previdência no governo Fernando Henrique trouxe como principal mudança não se considerar o tempo de serviço do trabalhador, mas sim o tempo de contribuição ao INSS (Instituto Nacional do Seguro Social). Por apenas um voto, não se aprovou a exigência de idade mínima para aposentadoria. Em contrapartida, Fernando Henrique veio a impor o fator previdenciário, pela Lei n. 9.876/99, penalizando, por exemplo, o homem que viesse a se aposentar com menos de 65 anos.

Lula estabeleceu a cobrança de contribuição dos servidores públicos aposentados, na alíquota de 11% e teto para servidores estaduais e federais. Já Temer propôs que servidores públicos, agentes políticos e trabalhadores do setor privado deveriam se aposentar com 65 anos os homens e 62 se mulheres. Previa-se que o maior valor a ser pago no setor público correspondesse ao máximo pago pelo INSS. Contudo, às vésperas de ser votada a emenda, passível de ser aprovada com algumas alterações, o Ministério Público Federal divulgou conversa de Temer com Joesley Batista, destruindo seu capital político e enterrando a reforma.

A tarefa impostergável ficou para o próximo presidente. A equipe de Bolsonaro vem de apresentar proposta de emenda constitucional, que estabelece idade mínima, 61 para homens, 55 para mulheres, mas visa também a reduzir a desigualdade entre o setor público e o privado. Não mais iguala os proventos de ambos os setores, mas aumenta significativamente o valor da contribuição, que chega a 22%, sobre as mais elevadas remunerações da área pública.

Em 7 de agosto de 2.003, editorial deste jornal destacava objetivo das reformas: "a correção de um sistema que vem provocando enormes transferências de renda dos trabalhadores do setor privado para os do setor público, além de ser o maior fator estrutural do desequilíbrio das contas públicas".

Esse é o imenso desafio, enfrentado ao longo de mais de 25 anos, com pequenas vitórias, pois o estamento burocrático tem seus tentáculos, sabe fazer lobby, conhece os corredores do Congresso Nacional e forma rede de auxílio mútuo junto a parlamentares.

Cabe se opor às injustiças das reduções: do benefício aos idosos pobres, da pensão por morte e da aposentadoria por invalidez. Mas, cumpre apoiar a minimização da desigualdade entre o setor privado e o público, este principal responsável pelo déficit da previdência, faltando conhecer a proposta relativa aos militares.

A tarefa não é fácil, ainda mais em face da inabilidade política do capitão-presidente, cotidianamente comprovada.

REMEMORANDO

Se havia, nos tempos de guerra fria, temor de instalação de um governo de esquerda, no entanto, não se pretendia que os militares se instalassem no poder, se autolegitimando para expressar a vontade dos brasileiros.

Se é para rememorar, cabe descrever o cerne do pensamento dirigente nos anos de regime militar: a ideologia da segurança nacional como uma cosmovisão, compreendendo conceitos de Nação, Estado, Política Nacional de Segurança, e uma pauta de valores morais. Segundo o Manual Básico da Escola Superior de Guerra de 1.976, a Nação, historicamente constituída, possui necessidades, interesses e aspirações relevantes, que devidamente interpretados indicam os objetivos nacionais permanentes.

O Estado, que emerge da organização nacional, deve visar à conquista e manutenção dos objetivos nacionais permanentes, a despeito de antagonismos existentes, a serem estrategicamente combatidos, pois os inimigos se aproveitam do caráter bom, mas ingênuo de nosso povo.

Os objetivos permanentes devem ser intuídos, definidos e defendidos pelos detentores do poder encarregados da segurança do Brasil. Assim, se mudaram os presidentes generais, jamais mudou, contudo, o comando do país centrado no poder militar que ditava o que era e o que deveria ser nosso país.

Nos Atos Institucionais 1 e 2 declara-se serem as Forças Armadas um movimento armado que traduz a vontade geral da população, e por isso dotadas de Poder Constituinte. O Ato

Institucional n. 1, no preâmbulo, assevera: "Os Chefes da revolução vitoriosa, graças à ação das Forças Armadas e ao apoio inequívoco da Nação, representam o Povo e em seu nome exercem o Poder Constituinte, de que o Povo é o único titular". Identicamente, o Ato Institucional n. 2.

O poder constituinte do sistema militar atribuiu a si mesmo o direito de cassar mandatos de parlamentares, governadores, bem como de afastar juízes e ministros da Suprema Corte, cancelando as eleições diretas de 1.965 e abolindo os partidos políticos.

Em face da Frente Ampla, ação política que reunia Carlos Lacerda, Juscelino e João Goulart, e em vista da não autorização da Câmara para ser o deputado Márcio Moreira Alves processado por ofensas às Forças Armadas, foi editado o Ato Institucional n. 5, em dezembro de 1.968, coartando gravemente as liberdades democráticas.

Por este Ato Institucional, podia o presidente da Republica decretar o recesso do Congresso Nacional, cassar mandatos eletivos, impor a intervenção federal nos Estados, sem estarem as condutas baseadas neste Ato submetidas ao crivo do Judiciário, sendo ademais suspensa a garantia do habeas corpus para crimes políticos.

No plano da legislação ordinária, os Decretos-Lei 314/67 e 898/70 editaram novas leis de segurança nacional, assim definida: "A segurança nacional é a garantia da consecução dos objetivos nacionais contra antagonismos, tanto internos como externos".

Nesta visão de enfrentamento aos antagonismos, criou-se a figura da guerra psicológica adversa, criminalizando-se a manifestação de opinião contrária ao ditado pelo poder estatal. Diz o art. 3º. da lei: "A guerra psicológica adversa é o emprego da propaganda, da contrapropaganda e de ações nos campos político, econômico, psicossocial e militar, com a finalidade de influenciar ou provocar opiniões, emoções, atitudes e comportamentos de grupos estrangeiros, inimigos, neutros ou amigos, contra a consecução dos objetivos nacionais".

Estes objetivos nacionais permanentes devem ser fixados, conforme ficou claro na Emenda Constitucional n. 1 de 1.969 imposta pela trinca dos ministros militares, pelo Conselho de Segurança, formado pelo presidente, ministros e os chefes de estado maior das três forças. Diz o art. 89 da Constituição de 1.969, competir ao Conselho: (i) estabelecer os objetivos nacionais permanentes e as bases para a política nacional; (ii) - estudar, no âmbito interno e externo, os assuntos que interessem à segurança nacional.

O núcleo do Conselho Nacional de Segurança estava na Secretaria Geral, dirigida pelo chefe do Gabinete Militar da presidência da República, cabendo ao Conselho, conforme também o Decreto Lei n. 1.135/70, fixar a política de segurança nacional para garantir, até mesmo pela guerra, a consecução dos objetivos nacionais permanentes em face dos antagonismos.

No plano dos costumes, o regime militar entendeu dever promover a censura de livros, jornais, músicas. No Decreto-Lei n. 1077 de 1.970 instituiu a censura prévia nos meios de comunicação, em livros, revistas, músicas e espetáculos. Nas considerações iniciais, diz o Decreto-Lei: "tais publicações e exteriorizações estimulam a licença, insinuam o amor livre e ameaçam destruir os valores morais da sociedade Brasileira, sendo que o emprego desses meios de comunicação obedece a um plano subversivo, que põe em risco a segurança nacional".

Intrometendo-se na área dos costumes, o regime militar pretendia tutelar a moralidade de nossa gente, censurando temas e opiniões que entendia nocivos à formação sadia de nossa juventude. O melhor de nossa música popular foi censurado.

Em artigo de 1.999, Luís Roberto Barroso dizia que só o mais absoluto radicalismo poderia desmerecer a longa travessia na passagem de uma ditadura militar para um Estado de

Direito Democrático (http://www.revistaaec.com/index.php/revistaaec/article/view/773/568).

Determinar que se comemore, ou eufemisticamente que se rememore, a ditadura baseada em ideologia obsessiva com a conspiração, com idiossincrasia às diferenças e invasiva das convicções pessoais, que criminaliza, é um acinte à verdade histórica.

Houve um sistema militar que dominou o país, a ferro e fogo, sendo impossível nega-lo. Há quase um ano, escrevi, nesta página, sobre Bolsonaro, artigo intitulado a "Volta da ditadura pelo voto". Espero que fique apenas nas comemorações..

ORGIA DE DESATINOS

Vive-se o tempo da urgência, no qual há sempre pressa. A imediatidade despreza a ponderação e a vivência de valores conquistados ao longo da história, pois o fundamental é resolver tudo o mais rápido possível. Por se receber todas as informações sobre o acontecido em qualquer lugar, a todo o instante, não mais é natural esperar a semente germinar para ter o fruto. Como dizem os italianos, prevalece o "voglio tutto e subito".

O perigo está em dar voz a pessoas mimadas que, tendo poder, o usam para obter o objeto do desejo de plano, não dando tempo ao tempo ao ultrapassar procedimentos consagrados ou legalmente impostos, sem qualquer pejo de causar constrangimentos.

Este desvio de conduta tornou-se ainda grave em face dos meios hodiernos de comunicação, dotados de muita força, a ponto de se confundir a verdade com o que é aceito e divulgado pelas redes sociais, com exclusão do pensamento crítico e da análise desinteressada das vivências existenciais reveladas no tumulto do cotidiano. Passa a ser "proibido pensar".

No momento atual, vive o Brasil uma orgia de desatinos, fruto da implantação do "voglio tutto e subito", a se ver pela conduta do presidente da república.

Bolsonaro achou ser demasia o valor do aumento do óleo diesel. Confessando, novamente, nada saber de economia, desgostoso com o percentual acima da inflação - quando o reajuste dizia ao respeito ao mercado internacional - Bolsonaro deu ordem ao presidente da Petrobrás para sustar a elevação do preço do diesel, causando na Bolsa perda de valor das ações da Petrobrás na ordem de 32 bilhões. Não importava ser a Petrobrás uma empresa de economia mista com independência decisória. Era o presidente falando e querendo: "punto e basta".

Em outra invasão de competência, o capitão presidente desconheceu novamente a lei das estatais e determinou ao Banco do Brasil a retirada da propaganda veiculada buscando atrair o público jovem de todas as tendências para se tornar cliente, operando totalmente por via do celular.

Nesta campanha denominada "Selfie", pessoas de aparências e estilos completamente distintos se fotografam com seus celulares, sendo convidadas a baixar o aplicativo e abrir uma conta.

Mas, a manobra invasiva foi além, pois as Agências de publicidade foram informadas de que, a partir daquele momento, todas as peças deveriam ser submetidas ao escrutínio da Secretaria de Comunicação Social, ordem depois desfeita. Mas importa destacar a frase dita sábado passado pelo presidente: "Quem nomeia o presidente do Banco do Brasil? Sou eu? Não preciso falar mais nada, então". É a palavra do presidente!!!

Duas outras situações indicam a avidez de desfazer o desgosto: multado diversas vezes no trânsito, propõe mudar a lei e dobrar o número de pontos para cassação da carteira de habilitação; flagrado pescando no mar em local impróprio, demite-se o fiscal. "Tutto subito".

Se há liberdade de pensar na democracia brasileira que, conforme a tradição a partir do iluminismo, conduz a uma diversidade de perspectivas, tal deve ser obstaculizado no entendimento dos novos inquisidores, em sua pretensa imposição de uma unanimidade obediente e cinzenta, de acordo com os ditames de conservadorismo moralista. A forma imediata de suprimir a liberdade de refletir está, então, em se dificultar ao máximo os cursos de filosofia, sociologia e das demais áreas das ciências humanas, pois perigosamente suscitam uma visão crítica. Faz-se, sem cerimônia, tábula rasa das conquistas do espírito ao longo de nossa civilização.

Com rudimentar obscurantismo, pelo Twitter, seu meio de comunicação preferido, Bolsonaro disse: "O Ministro da Educação Abraham Weintraub estuda descentralizar investimento em faculdades de filosofia e sociologia (humanas). O objetivo é focar em áreas que gerem retorno imediato ao contribuinte, como: veterinária, engenharia e medicina".

Rapidamente busca-se eliminar o pensamento diferente do oficialmente aceito pelo Alvorada, impondo redução das verbas para as ciências humanas, com a desculpa de querer promover profissões que rendam retorno financeiro imediato. "Tutto subito".

Mas, não fica por aí. No início da semana, em evento de agronegócio na cidade de Ribeirão Preto, Bolsonaro defendeu o envio de projeto criador de excludente de ilicitude para produtores rurais que atirarem em invasores, objetivando sua não punição. Quer porque quer acabar à bala possíveis invasões. "Tutto subito".

A palavra do presidente propondo nova disposição legal que legitime o uso da violência armada é grave exemplo para os concidadãos. Em defesa da propriedade nada é preciso além do que já consta do Código Civil e do Penal. Com efeito, segundo o Código Civil é permitida a retorsão imediata em caso de esbulho possessório, conforme o art. 1.210, § 1º: "o possuidor turbado, ou esbulhado, poderá manter-se, ou restituir-se por sua própria força contando que o faça logo".

De outra parte, a legítima defesa, prevista no art. 25 do Código Penal, cabe também na hipótese de defesa da propriedade, mas apenas com uso moderado e necessário dos meios disponíveis para se alcançar o fim de repelir a agressão, ou seja, a invasão.

Diante da desnecessidade de novas disposições legais em defesa da propriedade, as palavras de Bolsonaro dando porte de arma a fazendeiros, só pode se entender como expulsão à bala a qualquer tempo, sendo dispicienda a ida ao Judiciário.

Assim, propõe-se ser o conflito possessório resolvido legitimamente na base do revólver. Destarte, pretende Bolsonaro instalar o faroeste com consagração do uso arbitrário das próprias razões.

Em suma, é preciso um freio de arrumação, para conter a pressa e instalar a paciência e a razão propícias ao respeito à lei e aos ritos democráticos no exercício do poder. Na democracia não há quem não deva ser súdito da lei.

MAIS MESSIAS DO QUE JAIR

Com impetuosidade, D. Sebastião levou tropas portuguesas sob seu comando a lutar contra os marroquinos na batalha de Alcácer-Quibir, em 1.578, na qual grande parte da elite portuguesa morreu e o rei desapareceu. Com o vazio em sua sucessão ao trono português, impôs-se o domínio espanhol. Logo surgiu o imaginário de que D. Sebastião estava vivo, "encoberto", e apareceria para salvar a Nação, livrando-a do despotismo castelhano.

O Brasil viveu ao longo do tempo fenômenos similares circunscritos, mas referenciados ao mito de D. Sebastião. Como dizem Edna da Silva Polese1 e Sérgio Fernandes de Lima, o sebastianismo atravessou fronteiras temporais e espaciais com o surgimento, em momentos de infelicidade e de perdas, da crença no aparecimento de um salvador, um restaurador da ordem e da justiça (Revista Letras v. 16, n. 19 - https://periodicos.utfpr.edu.br/rl http://daofilho.blogspot.com/p/o-sebastianismo-no-romance-pedra-bonita respectivamente).

José Lins do Rego e Ariano Suassuna bem contam nos romances "Pedra Bonita" e "A Pedra do Reino" o episódio ocorrido em Pernambuco em 1.838, na Serra Formosa, ao lado de formação rochosa. João Antônio dos Santos e depois seu sucessor João Ferreira alardeavam que D. Sebastião, encrustado na pedra, voltaria para trazer a bem-aventurança. Para tanto, a pedra deveria ser banhada de sangue, promovendo-se grande massacre.

Igualmente no início da República, Antônio Conselheiro, beato que se instalara em Canudos, na Bahia, proclamava a volta de D. Sebastião. Este retornaria dos mortos para restaurar a monarquia no Brasil e transformar males em bem, o sofrimento em alegria, o injusto no justo, em uma visão imaginária delirante, bem retratada por Euclides da Cunha ao lembrar trova de Canudos: "*Garantidos pela lei Aquelles malvados estão, Nós temos a lei de Deus, Elles tem a lei de* cão."

O mito do sebastianismo ilude a vinda de figura heroica, que se sacrifica com risco da própria vida, para promover uma nova era, um modo purificador de realizar as coisas com justiça em rumo ao paraíso.

Collor já indicava a adesão à figura de um "cavaleiro do bem", o caçador de marajás que instalaria o reino da correção em face da corrupção do governo Sarney. Mas não tardou em surgirem as denúncias de sua corrupção. Desde 2.005, revelou-se o aparelhamento do Estado e a disseminação da corrupção em favor de políticos dos principais partidos, que irresponsavelmente levaram ao desemprego e à recessão.

Larga desconfiança em face do sistema político se instalou no espírito de parcelas consideráveis da população. Em 2016, o impeachment necessário para estourar o tumor que gangrenava a nação trouxe um presidente impopular, logo acusado de corrupção, não afastado do cargo graças à cooptação do Congresso.

Bem fervido o caldo de cultura propício ao surgimento ilusório de um salvador, que instalaria um novo modo de ser, uma figura messiânica que - sem o carisma de Jânio, Adhemar, Getúlio -, iria, todavia, galvanizar o povo por trazer uma boa nova, valendo-se de poucas palavras em modo inusitado de comunicação: as redes sociais. Candidato dos indignados contra o desmando dos governantes, Bolsonaro aparece no imaginário popular como redentor.

Sem carisma, Bolsonaro, vítima de facada da qual se salva "por obra divina", apresentou-se como quem governaria sem as intermediações próprias do regime representativo, impondo sua vontade por força da pressão popular que arregimenta via redes sociais. Nada disse de concreto: apenas prometeu a redenção e nova forma de exercício da "democracia", sem diálogo com o parlamento, a ser demonizado se não o apoiasse. Inimigos, "trairas", seriam e são todos os que neguem sustentação absoluta àquele que aí está para – alegadamente- salvar o país e promover a justiça e o bem.

É proclamado mito e exerce influência no imaginário popular de modo irracional, comovendo parcela da população que acredita ser o portador de fartura e honestidade. O que dele provir presume-se estar certo: o espírito crítico não tem lugar frente ao mito.

No último domingo viu-se exatamente isto: não existem erros do governo, que bate cabeça desde janeiro. Para os que acorreram às ruas, o mito está sempre correto. O governo tosco tem uma pauta moralista e armamentista para dar sensação de prover a segurança. O chamado projeto anticrime de anticrime só o nome tem, pois, seguramente, dali não decorrerá qualquer prevenção ou redução da criminalidade. Mas o que importa é a idolatria do "sub-mito", Moro.

Estamos frente um novo surto sebastianista com mistura de religião e política. Esta vertente político-religiosa vem expressa na atitude e cartazes do último domingo: populares gritavam "mito, mito, mito, meu capitão" e faixas estampavam: "Congressistas deixem o mito trabalhar". Manifestantes iniciaram o ato em Brasília rezando um Pai-Nosso, com a oradora pedindo a Deus para "ajudar o presidente a dizer não a esse tal Centrão e a dizer não ao STF", terminando com a frase: "Viva Jair Messias Bolsonaro". Outro orador alerta: "estamos travando uma guerra espiritual"; mas assegura: "Deus está do nosso lado". Com o monopólio do certo, dizem: "Tem de o Congresso aceitar. Não existe essa de o Congresso fazer as pautas do Executivo". Faixas tratam os representantes dos outros poderes como traidores da pátria, por dificultarem a "tarefa salvadora" do presidente.

Em culto pela manhã, Bolsonaro interpretou as passeatas como um recado àqueles "que teimam, com velhas práticas, não deixar que esse povo se liberte". Como em Canudos, podem o presidente e seus asseclas entoar: "*Nós temos a lei de Deus, Eles têm a lei de* cão".

Bolsonaro se faz mais Messias do que Jair, a gerar, nos espíritos abertos ao debate e à força da persuasão, o receio imenso de um futuro de uma só verdade, cuja contestação vira traição.

PARA QUE SERVE ESSA OAB?

Com tristeza, mas sem surpresa, soube do comentário feito pelo senhor presidente da República a respeito da Ordem dos Advogados do Brasil, em entrevista concedida dia 28 último à Radio Jovem Pan.

Vale reproduzir parte da entrevista, na qual Bolsonaro diz:

"Para que serve essa Ordem dos Advogados do Brasil a não ser para defender quem está à margem da lei?" "Sobre os vazamentos, olha o meu caso: o telefone do Adélio, por uma ação da OAB, a Polícia Federal não pode entrar nele. Não podemos saber com quem ele conversou naqueles dias quando tentou me matar. Que Justiça é essa?"

O tom depreciativo já transparece ao se referir à entidade com o pronome "essa", a denotar desprezo pela instituição, "essa Ordem", seguida da pergunta apenas cabível para menosprezo: "a que serve .... a não ser para defender quem está à margem da lei"?

Até mesmo vindo daquele que exalta armas e as quer na cintura de muitos brasileiros, sempre se fazendo fotografar com sinal de revólver, até com criancinhas no colo, favorável à pena de morte, foi um desmedido acinte a sugestão de a Ordem dos Advogados ser contra a sociedade, por apenas servir para defesa dos "fora da lei". Aliás, defender um criminoso não é um demérito como pensa o presidente, pois é uma das tantas árduas missões da advocacia, como se verá.

A visão tosca do presidente foi bem retratada na resposta do presidente do Conselho Federal: *"A OAB existe porque sem advogado não há Justiça. E garantir as prerrogativas do advogado – de exercer livremente seu ofício – é condição essencial para que o direito individual do cidadão seja respeitado, em especial seu direito à defesa, que garante o equilíbrio da Justiça. A dificuldade em enxergar a função e a importância da OAB talvez se explique pela mesma dificuldade de ter compromisso com a verdade, de reconhecer o respeito à lei e à defesa do cidadão"....*

É consabida "Fake News" ter a OAB impedido, por medida judicial, o exame do celular de Adélio Bispo dos Santos, devida e inteiramente analisado pela Polícia Federal. A OAB de Minas Gerais tão só visou a proteger a inviolabilidade do celular do seu advogado, para garantir a confidencialidade da relação entre causídico e réu.

Por que Bolsonaro ofendeu a OAB, procurando indispor a entidade com a sociedade? Por índole agressiva ou despreparo? Registro, então, algumas atitudes políticas e sociais dos advogados.

Quando apenas existia o Instituto dos Advogados Brasileiros, em meados do século XIX, a luta contra a escravidão foi empreendida por dois de seus presidentes, Montezuma e Perdigão Malheiros, levando advogados a interporem as chamadas "Ações de Liberdade", reclamando e obtendo a liberdade para muitos escravos submetidos a tortura e humilhações.

As Ações de Liberdade buscavam a liberdade em vista do descumprimento dos deveres por parte do senhor, como sonegação de alimento ou abandono em caso de doença. Em mais de 1.600 Ações de Liberdade propostas, 729 escravas obtiveram a alforria por terem sido constrangidas por seus donos a se prostituírem.

Ruy Barbosa, o Patrono dos Advogados, em abril de 1.892, em face da arbitrariedade do governo militar de Floriano Peixoto, impetrou Habeas Corpus em favor de vários presos, dentre os quais José do Patrocínio e Olavo Bilac, afirmando obedecer aos mais nobres deveres da advocacia: "a luta pelo direito contra o poder, em amparo dos indefesos, dos proscritos, das vítimas da opressão, tanto mais recomendáveis à proteção da lei quanto mais formidável for o arbítrio".

A Desobediência Civil, durante a ditadura de 1964, foi liderada pela OAB em conjunto com entidades sensíveis aos valores democráticos, como a Associação Brasileira de Imprensa e a de Educação, a Associação dos Advogados de São Paulo, que tive a honra de presidir à época, o Instituto dos Advogados Brasileiros e o IASP, Instituto dos Advogados de São Paulo, a Igreja. Lutava-se pelo fim da censura, pela volta do Habeas Corpus, pelos predicamentos da magistratura, pela anistia e revogação do AI 5, por eleições diretas.

Os advogados incomodavam o sistema. Tentaram garroteá-los pela submissão da OAB ao Ministério do Trabalho, jamais tornada eficaz graças à resistência da Ordem.

Em agosto de 1.977, no pátio da Faculdade de Direito do Largo de São Francisco, exigiu-se, na Carta aos Brasileiros, o *"Estado de Direito, Já"*. O movimento foi engendrado por um grupo de advogados (Flávio Bierrenbach, José Carlos Dias, José Gregori, Darcy Passos e outros) que convidaram Goffredo da Silva Telles Júnior para elaborar o texto.

Sobre a defesa de marginais, cabe nos abeberarmos na sabedoria do patrono Ruy Barbosa, em dois textos: "A Oração aos Moços", discurso de paraninfo dos formandos de 1.922 e "O Dever do Advogado", resposta a consulta de Evaristo de Morais ao ser chamado para defender inimigo político dele e do próprio Ruy.

Na Oração aos Moços, Ruy deixa recados atuais: "o direito do mendigo, do criminoso, não é menos sagrado do que o dos detentores do poder, pois, *com os mais miseráveis é que a justiça deve ser mais atenta"*. Nos dias de hoje, com os holofotes da mídia, valioso o conselho aos magistrados: *"não cortejeis a popularidade"*.

As seguintes ponderações de Ruy exigem madura reflexão para se perceber a grandeza e a dificuldade da advocacia em busca da igualdade de todos perante a lei e a justiça.

Diz ele: "Ainda quando o crime seja de todos o mais nefando, resta verificar a prova; e ainda quando a prova inicial seja decisiva, falta, não só apurá-la no cadinho dos debates judiciais, senão também vigiar pela regularidade estrita do processo nas suas mínimas formas...". "Desse modo impede-se que a indignação degenere em ferocidade e a expiação jurídica em extermínio cruel".

Aí estão algumas das tantas respostas possíveis à curiosidade presidencial.

BOLSONERO

O grande desafio político consistiu, a partir do último quartel do século XX, na superação das fragilidades da democracia representativa em uma sociedade de massas inertes e manipuláveis, na qual a relação entre a sociedade civil e a política fica limitada ao processo eleitoral.

A crise da democracia representativa cresceu vertiginosamente com o compartilhamento em rede: pessoas que se juntam em torno de preconceitos e subjetividades, um rol imenso de desconhecidos que retroalimentam suas idiossincrasias, ressentimentos e crenças inabaláveis.

Mas há outro lado, o das forças atuantes da sociedade civil. Profissionais e voluntários vêm a constituir polos de produção de opiniões e sugestões, fruto da experiência e do estudo. São muitas manifestações (espontâneas ou programadas) por associações, órgãos de classe, organizações não governamentais, voltadas a influir no processo decisório, trazendo valiosa contribuição, própria de um consistente pluralismo social.

Reconhecendo-se a valia desse pluralismo, criaram-se, ao longo do tempo, muitos órgãos de cunho consultivo para assessorar a administração pública. Houve, sem dúvida, exageros, com focos de mera reivindicação leviana ou assembleísmo; certo é, porém, que a participação da sociedade oxigena, instrui e amplia a ação estatal, em suma, democratiza.

De fato, para a legitimidade da democracia de massas em um mundo em rede, é essencial a atuação e a presença efetiva da sociedade fazendo com que mais pessoas participem, racionalmente, da criação do destino coletivo.

Pois, Bolsonaro fez exatamente o contrário no primeiro dia de governo, afirmando que governaria em ligação direta com o povo, sem nem mesmo partidos políticos, em um neo-populismo virtual. Ilegalmente decretou o fim dos conselhos. Semana passada, suprimiu a participação de médicos no CONAD, Conselho Nacional de Políticas sobre Drogas.

Fui em 1988 presidente do CONFEN – Conselho Federal de Entorpecentes (antecessor do CONAD), então órgão do Ministério da Justiça com um quadro de médicos estupendo: Elisaldo Carlini (autoridade mundial em pesquisas de drogas, lente emérito da Unifesp); Miguel Roberto Jorge (professor associado de Psiquiatria da Unifesp, foi eleito presidente da Associação Médica Mundial); Sérgio de Paula Ramos (Presidente da Associação Brasileira de Álcool e outras Drogas -ABEAD). Essa valiosa participação permitiu trabalho inovador na área de prevenção, em convenio com a ONU.

O desprezo de Bolsonaro pela inteligência manifesta-se no ataque ao INPE, acusado de "estar a serviço de alguma ONG", sendo seu presidente Ricardo Galvão, professor titular da USP, merecedor de premio do Centro Internacional de Física Teórica de Trieste, Itália. A desfeita ao INPE coincide com a outorga pela Organização Meteorológica Mundial (WMO), das Nações Unidas, de seu mais importante prêmio ao Instituto, na pessoa do cientista Divino Moura.

Em sua trajetória de exterminador cultural, Bolsonaro entende ser de sua competência definir roteiros a serem patrocinados pela ANCINE, no mesmo instante em que o cinema brasileiro, com as fitas "Bacurau" e "Vida Invisível de Eurídice Gusmão", ganhou prêmios no Festival de Cannes.

Sob a orientação do Ministro da Economia, Bolsonaro propôs Emenda Constitucional visando, na prática, à eliminação dos órgãos de classe: "Art. 174. A lei não estabelecerá limites ao exercício de atividades profissional ou obrigação de inscrição em conselho profissional sem que a ausência de regulação caracterize risco de dano concreto à vida, à saúde, à segurança ou à ordem social."

Assim, para advogar não será mais necessário estar inscrito na OAB e esta, se perdurar, não poderá exigir dos milhares bacharéis que se formam a cada ano prova mínima de suficiência para exercício da profissão. Os profissionais em geral não estarão sujeitos a regras uniformes de ética, seja o médico, o economista, o contador. Com isto se banalizam as profissões, das quais se retira a respeitabilidade, em um desfazimento do tecido de credibilidade da parcela pensante e crítica de nossa sociedade.

Seria anacronismo fazer paralelo entre Nero, imperador romano entre 54 e 68 de nossa Era e o Bolsonaro de hoje, mesmo porque Nero mostrou virtudes no início seu reinado graças a Sêneca, seu sábio preceptor, para quem cabia viver em harmonia com a natureza, com retidão compassada pela razão à espera serena da morte.

Mas, há três dados que, em Bolsonaro, lembram a figura de Nero: o fascínio pela popularidade, com desprezo pelas classes médias e pelo Senado; o intenso envolvimento nas intrigas familiares; e o possível incêndio de Roma para refazê-la a seu feitio.

Discutem os cronistas se efetivamente Nero teria mandado por fogo em Roma (Croiselle, Néron a-t-il brulê Rome? Histoire, n. 234 - Jul/Agosto de 1.999, p. 26). Suetônio e Plínio o Velho afirmavam categoricamente, porém, outros, como Tácito, tinham dúvidas. Todavia, passou para a História ter Nero, alucinado, incendiado Roma.

Entre Nero e Bolsonaro remanesce a coincidência do vezo autoritário no exercício do poder com a volúpia por popularidade, que se casa com o desejo de reconstruir Roma a seu modo. Hoje Bolsonaro atua para tornar terra arrasada a democracia participativa essencial ao nosso mundo plural, pretendendo impor modos de ser em face de múltiplos aspectos da vida como direito fruto da eleição. Incentiva antagonismos com o passado, para perenizar o confronto e ditar comportamentos, com descaso ao que não coincida com sua rasa compreensão e baixa sensibilidade, como a revelada ao falar sobre o desaparecido político pai do presidente da OAB.

Estabelece-se o fascismo cultural, por via do qual é proibido pensar, mas permitido obedecer. Estamos, talvez, diante de simplório plano de dominação, ao qual se deve estar bastante alerta.

ILEGÍTIMA AGRESSÃO

Por via do projeto denominado Anticrime, o Governo pretende ampliar a legítima defesa. Para tanto, contempla seu reconhecimento na hipótese de possível perigo face a possível conflito armado. Também sob a escusa de se agir em estado de medo ou surpresa, justifica a ação desmedida de defesa, que se transforma em agressão.

Com essas propostas, desfigura-se a excludente da legítima defesa. Cabe, por isto, recordar em que consiste a situação de legítima defesa. Como está no art. 25 do Código Penal, essa ocorre quando há injusta agressão, atual ou iminente a direito próprio ou de terceiro, à qual se reage usando os meios necessários de forma moderada.

A agressão deve ser real e efetiva, exceto o caso - excepcionalíssimo – daquele que julga justificadamente existente uma agressão inexistente. Ademais, a agressão há de ser iminente ou atual, gerando um perigo que não se baliza pelo temor do pretenso agredido, mas sim pelo que objetivamente é constatável como causador de dano.

A agressão é *atual* se já iniciada; *iminente* se está em vias de ocorrer. Há uma situação de perigo quando se verifica a possibilidade concreta de lesão à integridade física, a gerar consciência do perigo fundado na realidade. Porém, a constatação do perigo não pode decorrer apenas da impressão subjetiva, fruto do medo ou da violenta emoção daquele que é supostamente agredido. Do contrário, seria entregar o reconhecimento do direito de matar, por exemplo, à aberta impressão subjetiva do agente.

Compõe, também, a situação de legítima defesa a exigência de que a reação à agressão seja moderada, ou seja: proporcional ao ataque sofrido, não indo além do necessário para a devida repulsa. Requer-se, ademais, que os meios necessários também sejam atuados com moderação, ou seja, de modo suficiente para fazer cessar a agressão.

Quando este uso é imoderado, é dizer, desmedido em face do perigo decorrente da agressão, surge o excesso no exercício da legítima defesa. Este pode ser doloso ou culposo. Será doloso quando o agente, atuando em situação de legítima defesa, passa a agir não para se defender (pois a agressão já fora controlada), mas sim para atingir desnecessariamente o agressor. E será culposo, se, nas circunstâncias, há uma descuidada avaliação, que conduz a uma atitude desproporcional ao necessário.

O Projeto de Moro desconhece os elementos componentes da legítima defesa; abre a porta à subjetividade, oferecendo licença para matar ao acrescentar parágrafo segundo ao artigo 23, assim redigido: "§ 2º. O juiz poderá reduzir a pena até a metade ou deixar de aplicá-la se o excesso decorrer de escusável medo, surpresa ou violenta emoção".

Quebra-se com esta proposta o eixo central da figura da legítima defesa, consistente em se agir para fazer cessar uma agressão, com ânimo de se defender. Na hipótese apresentada por Moro, acolhe-se como legítima defesa uma agressão desnecessária, fazendo-se dessa excludente um escudo protetor da violência policial, tendo por desculpa o medo, a surpresa ou a violenta emoção, por parte daquele que é especificamente treinado para enfrentar riscos, aliás naturais ao seu mister. Mas é inaceitável que pretenda escusar o excesso doloso, consistente em prolongar desnecessariamente uma reação com intenção direta de agredir, sob a escusa de se agir com medo ou surpresa.

De outra parte, amplia-se especificadamente para os policiais a situação de legítima defesa, ao prever que o agente de segurança pública age licitamente em face de risco iminente de conflito armado, para prevenir injusta e iminente agressão. Redundante a figura: risco iminente de conflito armado para prevenir iminente agressão.

Ora, se existe um risco iminente de conflito armado há agressão que está em vias de ocorrer, devendo o perigo imediato ser impedido de se concretizar. Ou o conflito armado iminente vem a constituir um efetivo perigo, ou não há relevância no conflito armado, o que seria, a bem ver, uma impossibilidade. A iminência de conflito armado constitui em si uma agressão altamente provável, caso contrário haveria apenas um perigo imaginário: um perigo iminente de perigo iminente.

E é este perigo imaginário que se pretende erigir em causa legitimadora da ação agressiva da polícia. Dessa maneira, criam-se duas legítimas defesas: uma aplicável a todos os cidadãos, e outra exclusiva para os agentes de segurança pública, que podem alegar, ao agredir cidadãos inocentes, que estavam em contexto de "perigo de perigo".

Estórias recentes de agentes da segurança matando inocentes poderiam ser lembradas. Mas, basta esta: dia 7 de abril passado, carro que seguia no Rio de Janeiro pela Estrada do Camboatá, chegando à Avenida Brasil, foi alvo de 80 disparos de fuzis de nove soldados do Exército. Estavam no carro: o músico Evaldo dos Santos Rosa, sua mulher, seu filho de 7 anos, seu sogro e uma amiga da família: iam a um chá de bebê. O Comando Militar Leste alegou ter havido um assalto e que os assaltantes, neste carro, fizeram disparos provocando a reação da equipe!!! Dois inocentes morreram, e outros ficaram feridos e traumatizados.

Esta barbárie enquadra-ser-á em uma ou outra hipótese sugerida por Moro: legítima defesa em vista de possível iminente conflito armado com possível perigo iminente; ou excesso doloso justificável pelo medo dos nove soldados face a uma família a caminho de chá de bebê.

A letalidade da polícia brasileira é imensa. Cresce sob a cultura da violência estatal aplaudida por Bolsonaro ao erigir torturador como herói nacional e ao querer indultar policiais assassinos, como os envolvidos no massacre do Carandirú. As pretendidas alterações da sedimentada e incontroversa figura da legítima defesa apenas surgem para proteção de maus policiais, hoje reverenciados pelo Estado, com riscos à segurança do cidadão comum.

COMO OUSA?

A fuga da realidade no discurso de Bolsonaro na Assembleia Geral das Nações Unidas gerou apreensão. Como o chefe de Estado brasileiro é capaz de produzir, perante representantes de 192 países, um "pot-pourri" cujos assuntos desconexos tem um elemento comum: a fantasia?

Por sua fala, vive-se uma cruzada em defesa dos cristãos contra os invasores de almas para sequestrar Deus e destruir a família, carregados de ideologias. Além da convocação para a guerra santa, o presidente disse sobre a Amazônia: "Ela não está sendo devastada e nem consumida pelo fogo, como diz mentirosamente a mídia. Cada um de vocês pode comprovar o que estou falando agora".

Não pretendo alistar-me ao exército de Bolsoleone, na luta contra os imaginários destruidores dos valores ocidentais cristãos, mas aceito o desafio de saber o que ocorre na Amazônia.

Os relatos de órgãos oficiais e de Organizações Não Governamentais (ONGs), há décadas monitorando a Amazônia, preocupam.

Já em 1.981, o geógrafo Antonio Giacomini Ribeiro (Acta Amaz. vol.11 nº 2 Manaus Apr./Ju,(www.scielo.br/scielo.php?script=sci_arttext&pid) observava que o envio de umidade para a atmosfera decorria principalmente da evapotranspiração, antes da chuva, por intensa atividade de fotossíntese e na chuva antes de a água atingir o solo.

E alertava o geógrafo que a criação das nuvens tipo "*u* Cumulus esfarrapadus" propícias para chuvas ocorre na floresta densa e nem sequer se dá em áreas de campo e desmatamentos.

Este fato é importante, pois se constatou, ao longo do tempo, que a Amazônia gera metade de suas próprias chuvas, formando um ciclo hidrológico fechado, cabendo a pergunta de Elton Alisson, da Fapesp: qual seria o nível de desmatamento a partir do qual o ciclo hidrológico amazônico se degradaria? (agencia.fapesp.br/print/desmatamento-na-amazonia-esta-prestes-a-atingir-limite-irreversivel).

Respondem a esta pergunta os renomados professores Thomas Lovejoy, e Carlos Nobre, na Revista Science Advance(http://advances.sciencemag.org/content/4/2/eaat234) e no site de notícias Virtù. Explicam que a floresta amazônica depende do ciclo hidrológico que ela mesma produz havendo, destarte, um nível de desmatamento além do qual este ciclo perde força a ponto de não conseguir mais produzir a chuva necessária para a vida dos ecossistemas da floresta tropical.

Lovejoy, então, esclarece que ele e Carlos Nobre diante de circunstâncias naturais e de intervenção humana reavaliaram para baixo a porcentagem de desmatamento a partir da qual o ecossistema amazônico passaria do ponto de não-retorno, sendo o "tipping point" entre 20% e 25%.

E o pior: "o ponto de não-retorno está sendo atingido. Esta situação uma vez instalada não pode mais ser revertida. Uma vez quebrado o ciclo hidrológico, o ecossistema amazônico entra em colapso e não mais pode ser recuperado por medidas de preservação", havendo o perigo iminente de a Amazônia vir a ter apenas vegetação típica do cerrado e por ricochete causando seca no sudeste.

Com a participação de cientistas brasileiros e estrangeiros, coordenada pelo climatologista José Marengo, do Centro Nacional de Monitoramento e Alerta de Desastres Naturais (Cemaden) - do Ministério da Ciência e Tecnologia, pesquisa sobre o clima na Amazônia e o que pode ocorrer pelo desmatamento em grande escala (Frontiers in Earth Science com o título Changes in Climate and Land Use Over the Amazon Region) concluiu: "Os efeitos combinados da seca e do desmatamento, juntamente com o fogo, podem ampliar os impactos e causar o colapso do ecossistema da floresta tropical" (www.cemaden.gov.br/impactos-na-amazonia).

Entre 1o de janeiro e 29 de agosto de 2019, o INPE detectou 45.256 focos de calor no bioma Amazônia, o maior já registrado desde 2010. Este aumento expressivo de focos, comparado a anos anteriores, ocorreu em praticamente todas as categorias fundiárias, sendo que apesar da proteção ambiental as unidades de conservação (UC) em 2019 mostraram um aumento surpreendente, com o dobro dos focos registrados em relação à média dos últimos oito anos com concentração em determinadas unidades, como a Floresta Nacional do Jamanxim

Conforme noticia a ONG WWF Brasil (https://www.wwf.org.br/?72843/amazonia-um-em-tres-queimadas-tem-relacao-com-desmatamento) na Amazônia, 31% dos focos de queimadas registrados até agosto deste ano localizavam-se em áreas que eram floresta até julho de 2018, conclusão esta fruto da análise feita sobre focos de queimadas no bioma, com base em séries históricas de imagens de satélite e em dados do INPE (Instituto Nacional de Pesquisas Espaciais).

Outro dado trazido pela WWF Brasil é significativo: a área com alertas de desmatamento em agosto foi de 1.394 km^2, um valor 120% maior do que o mesmo mês em 2018. Somente nos oito primeiros meses de 2019, a área total com alertas de desmatamento foi de 6 mil km^2, um valor 62% maior do que o observado para o mesmo período em 2018.

Conforme matéria do site G1(1.globo.com/natureza/noticia/2019/08/21/aumento-das-queimadas-no-brasil-veja-12-perguntas-e-respostas-sobre-o-tema.ghtml) Ane Alencar, uma das maiores especialistas em incêndios na Floresta Amazônia, diretora do Instituto de Pesquisa Ambiental da Amazônia (Ipam), diz: as queimadas aumentaram por causa do desmatamento, "é uma relação direta", pois quando se desmata uma área para pastagem ou agricultura, cabe se livrar daquela biomassa. Esta ligação entre desmatamento e queimada é acentuada em outra entrevista: (https://congressoemfoco.uol.com.br/opiniao/forum/o-governo-nao-pode-espalhar-o-fogo-na-amazonia/).

Em setembro, com atuação do exército, reduziu-se um pouco a queimada, mas o desmate, ação ilegal que antecede o fogo, persiste elevado.

Estes dados impõem recorrer à expressão de Greta Thunberg: como ousa, presidente?

ALIANÇA COM O PASSADO

Manifesta a postura retrógrada do Programa do pretenso partido Aliança pelo Brasil.

Apontam-se como principais linhas da Aliança pelo Brasil: a segurança do cidadão graças ao direito de andar armado; o louvor a Deus que revela caminhos e direitos inalienáveis; os valores tradicionais proclamados pelos nossos pais fundadores; a consagração da família tradicional; o confronto com a ideologia do garantismo; a liberdade do mercado como solução única para nossa economia; a destruição do socialismo. Deus, Pátria e Família, especialmente a própria.

Escolho alguns pontos para análise. Na Introdução, desenha-se quadro irreal de estar o país calado sofrendo a dominação do crime violento, do narcotráfico e do crime organizado. Dramatiza-se o passado, como se tivesse havido condescendência com a alta criminalidade como consequência da promessa de paz, por entregarem os brasileiros suas armas em pacto suicida para a abdicação do direito à legítima defesa.

Ao ver dos aliancistas, houve desrespeito ao referendo de 2.005, impondo-se o controle das armas. Duas inverdades: o controle da criminalidade não se realiza pela população armada, situação cujos resultados comprovados são nocivos. A menor repressão ao crime que amedronta, o assalto à mão armada, depende da baixíssima apuração de autoria pelos órgãos de segurança dos governos estaduais. A criminalidade não será estancada dando-se um revólver a cada cidadão.

O referendo de 2.005 não concedeu posse e porte de arma aos brasileiros. Nesta consulta popular, indagava-se se deveria prevalecer o disposto no art. 35 do Estatuto do Desarmamento, sobre *comercialização ou não de arma de fogo*. Perguntou-se, então: "O comércio de armas de fogo e munição deve ser proibido no Brasil?" Não se tratava de garantir a todos, sem critérios e limites, posse ou porte de armas, mas de saber se a comercialização de armas deveria ser totalmente proibida.

Outro aspecto ligado à segurança pública está no ataque ao inimigo imaginário, a ideologia do garantismo, doutrina formulada pelo jusfilósofo italiano Ferrajoli, acusada de ser a raiz do problema da impunidade no Brasil, um "garantismo socialista", favorecedor do narcotráfico.

Santa ignorância. Dos princípios básicos do garantismo penal, destaco: o da legalidade (não haverá crime ou pena sem lei anterior); o da lesividade (não há crime sem que haja violação de um bem relevante à sociedade); o da culpabilidade (não há responsabilidade objetiva em matéria penal sendo o crime doloso ou culposo); o acusatório (garantindo-se ao réu ampla defesa e direito ao contraditório). Denominar tal doutrina de socialista e em favor do narcotráfico é demais!!!

O caráter religioso do partido é patente. Segundo o Programa, a Providência divina indica o caminho do partido, que toma como seus os valores fundantes do Evangelho. Transforma-se, apesar de se tentar negar, o exercício do poder político em missão confessional, de vez que sendo a relação entre a Nação e Cristo intrínseca e inseparável, é o povo brasileiro religioso e igualmente devem ser seus representantes, tendo Deus em suas vidas.

Depois, em culto às tradições, o Programa exalta os brasileiros ilustres do passado, que deixa de indicar, os quais denomina de fundadores e formadores do Brasil, em pura imitação da figura dos pais fundadores da nação norte-americana.

Posso lembrar duas figuras de nossa República, Ruy Barbosa e Campos Salles. Ruy há um século, na campanha presidencial de 1919, proferiu importante discurso sobre a Questão

Social. Dizia o mestre: "estou, senhores, com a democracia social ...que quer assentar a felicidade da classe obreira não na ruína das outras classes, mas na reparação dos agravos a que ela até agora tem curtido. Aplaudo no socialismo o que tem de são, de benévolo, de confraternal, de pacificador".

Campos Salles, por sua vez, ensinava não ser importante "saber o que é popular, mas sim o que é razoável e justo, sendo um dos deveres do homem de Estado combater as ilusões populares, mesmo à custa do poder e das posições". Não parece que o bolsonarismo siga as lições destes importantes personagens do passado.

O Programa, portanto, de ideias retrógradas, desconhece as mudanças significativas do pensamento político, ignora até mesmo a lição de Ruy de cem anos atrás, para fazer do socialismo um bicho papão, explorando ilusões populares e ignorando deliberadamente toda a evolução do socialismo, que, como bem acentua Antônio Paim (O socialismo brasileiro Vol II, p. 18), teve um papel notável na história do Ocidente por seu substrato moral.

Doutra parte, no plano econômico, o Programa adota como única solução a liberdade do mercado, que se autoregula, pois "a liberdade econômica não se contrapõe à existência da moral". Todavia, sem diretrizes de cunho social, em um país pobre e desigual como o nosso, a receita neoliberal só aumentará o desnivel das classes sociais.

Por fim, cabe destacar que o Programa volta aos anos 30 do século passado, ao se referir ao homem e ao desenvolvimento integral. Meu pai, integralista na juventude, posteriormente, em diversas obras, como Pluralismo e Liberdade, adotou o pensamento liberal-social, por via do qual se respeita o mercado como agente de produção de riquezas, reservando, todavia, ao Estado, especialmente à União, o papel de articulador e promotor de políticas sociais fundamentais em áreas como saúde e educação, criando rede de saneamento básico e valorização dos docentes, promovendo políticas de inclusão social nas periferias das grandes cidades.

Mas, para Bolsonaro e os "pensadores" que o cercam importa antes explorar o radicalismo imperante, açular as ilusões, gritar sua fé em Deus que abrirá os caminhos para destruição de perigosos inimigos. Em defesa da razão, resta apenas conclamar: Iluministas do Brasil, uni-vos.

2020

NACIONAL POPULISMO

A eleição de Bolsonaro insere-se no fenômeno do surgimento da direita nacional populista que levou ao poder Trump nos Estados Unidos, Viktor Orban, na Hungria, Salvini e Beppo Grillo na Itália, ao Brexit e a Johnson na Inglaterra

Líderes vencem não pela consistência de suas convicções, mas porque orientados por especialistas em opinião pública lançaram mão de técnicas e algoritmos na internet. Conhecem, então, a receita do bolo a ser servido a cada tribo de consumidores/eleitores, por via do estudo científico dos medos, aspirações, alegrias e ódios desvelados no uso das redes sociais, das quais surge perfeita tomografia de corpo e alma dos usuários. As frustrações e a raiva que produzem são fonte de energia e formam o cardápio político.

Conforme Moura e Corbellini (A eleição disruptiva-porque Bolsonaro venceu, Record, 2019),"a vitória de Bolsonaro foi a manifestação da ira contra tudo que está aí, foi a eleição dos indignados".

Os magos por detrás da máquina de controle daqueles que se pensam, enganadamente, fautores do próprio destino por integrarem as redes sociais, são os técnicos como Gianroberto Casaleggio, na Itália, Domonic Cummings, que conduziu a campanha em favor do Brexit, o ex-chefe de campanha de Trump e próximo de Olavo de Carvalho, Steve Bannon, o articulador de Viktor Orban, da Hungria, Arthur Finkelstein e o controvertido jornalista, Milo Yiannopoulos.

É Giuliano Da Empoli, no livro (Os Engenheiros do Caos, Vestígio, 2.019, trad. Arnaldo Bloch) que revela a nova política tecnicamente administrada, gerida sem qualquer limite ético.

As manobras antes utilizadas em face do consumidor, passaram a ser aplicadas junto ao eleitor, objeto de cooptação para levar ao poder ambiciosos sem pudor, falsos moralistas, que prometem expulsar os maus do "templo", valendo-se do ressentimento e da raiva fáceis de serem explorados, sempre sob a ótica conspiratória contra bodes expiatórios denunciados com fake news nas redes sociais.

Adotam estes chefes autoritários posições diversas a cada passo. Dizem um dia o necessário para contentar parcela Y da sociedade, para no seguinte, sem preocupação com coerência, aderirem ao inverso se preciso para satisfazer a parcela XY.

No caso brasileiro, o desencanto com a corrupção após a ditadura, a desesperança de dias melhores após a nova constituição, bem como a crise de segurança pública facilitaram um discurso raso de direita e a indicação dos culpados: a classe politica, acusada de só ver o próprio interesse, as elites traidoras, o aparelhamento do Estado.

A eventual frustração de cada qual nos planos profissional, econômico, sexual, familiar, soma-se à indignação dos eleitores contra o PT, a corrupção, o Congresso, o STF, muitos sem perceber que ir contra os dois últimos lesa direitos fundamentais e instaura o arbítrio.

A tática é sempre a mesma: populistas, ao se nutrir do ódio dos outros, fazem da humilhação dos poderosos a sua promessa, como diz Da Empoli. Ser vulgar e grosseiro, mormente com a imprensa, e afrontar o politicamente correto passa por exprimir autenticidade, atendendo ao gosto popular, ao contrário dos hábitos das elites e da velha política.

Buscam-se os cantos e não o centro, ou um denominador comum. Não há união, mas adjunção. Somam-se desconhecidos, cada qual carregando sua revolta em direção aos extremos e a ser explorada pelos líderes populistas manobrados pelos técnicos em algoritmos e internet.

Da Empoli ressalta: "no mundo de Trump, Johnson e Bolsonaro cada novo dia nasce com uma gafe, uma polêmica, a eclosão de um escândalo e mal se está comentando um evento, esse já é eclipsado por outro, numa espiral infinita que catalisa a atenção e satura a cena midiática".

No carnaval houve reiterada conduta agressiva de Bolsonaro: ofendeu a jornalista da Folha; divulgou conversa do Gen. Heleno chamando congressistas de chantagistas, sugerindo ida às ruas; postou na rede WhatsApp dois vídeos convocando para ato de 15 de março: em um conclama patriotas a resgatar o Brasil e a defender o presidente cristão e incorruptível; em outro, põe os nomes Gen. Heleno/Cap. Bolsonaro e se faz de mártir frente aos inimigos do Brasil; na quinta feira, 27/02, acusou mendazmente a jornalista Vera Magalhães de mentir.

Se Bolsonaro nunca teve apreço pela democracia representativa e pelos partidos políticos, sabe, todavia, o valor de um gabinete do ódio no terceiro andar do palácio a calibrar a relação direta entre o "líder" e o povo a ser emocionalmente explorado. Basta assistir ao vídeo compartilhado no qual sem pudor é endeusado: "foi chamado a lutar por nós", "quase morreu por nós", "única esperança de dias cada vez melhores", "presidente trabalhador, patriota", "precisa de nosso apoio nas ruas". Apoio por que? Ora, apenas em favor da ambição do poder populista, sem intermediação.

O que parece desatino em muito é planejado. Na convocação para o dia 15, Bolsonaro exagerou e pulou no carnaval fora da dignidade e dos limites constitucionais impostos pelo cargo. O mesmo na triste comédia do PIB.

O UNIVERSO PARALELO

Em 30 de janeiro, a OMS decretou Emergência em Saúde Pública de Importância Internacional. Em 24 de fevereiro, recomendou o isolamento. Em 11 de março, a OMS decretou a Pandemia declarando o seu diretor Ghebreyesus: "reduzam o ciclo de transmissão, adotem ações para conter a disseminação".

Em conferência virtual de 25 de março, a OMS defendeu que a última coisa a ser adotada seria a abertura de escolas. O diretor da OMS, em 26 de março, reafirmou perante os líderes mundiais na reunião do G20, da qual participou Bolsonaro, que o único caminho para proteger a vida e a economia é parar o vírus, com restrições drásticas nas escolas e nos negócios, pedindo ao povo que fique em casa.

A OMS não deixou de atentar para a questão social em face do isolamento, sensível à situação terrível dos países em sua economia. Mas, alertava se ter de focar primeiro em parar a doença e em salvar vidas. Este trecho da prioridade da saúde, mencionado pelo diretor da OMS, foi, contudo, distorcido pelo nosso presidente, a pretexto de dizer que a OMS seguia Bolsonaro ..... A OMS respondeu realçando de novo a importância do isolamento social.

No Brasil, já em 3 de fevereiro, pela Portaria n. 188, o Ministério da Saúde declarou Emergência de Saúde Pública, planejando-se articulação com gestores estaduais e municipais.

A toque de caixa, o Congresso Nacional editou a Lei n. 13.979 de 6 de fevereiro, dispondo sobre *medidas para o enfrentamento da emergência de saúde pública de importância internacional decorrente do coronavírus.*

No seu art. 3º, determina-se a adoção de medidas como isolamento e quarentena que poder*ão ser impostas*, segundo o § 7º do art. 3º, pelos gestores de saúde locais autorizados pelo Ministério da Saúde, resguardando-se serviços essenciais.

A Portaria n. 356 do Ministério da Saúde, de 11 de fevereiro, especifica poder a quarentena ser adotada por Secretário da Saúde do Estado ou do Município visando a reduzir a transmissão comunitária.

Em 17 de março, Ministros da Justi*ça e da S*aúde editaram Portaria Interministerial n. 5 acerca da compulsoriedade das medidas preventivas cujo desrespeito sujeitava a sanções civis, administrativas e penais, podendo configurar os crimes previstos nos artigos 268 e 330 (desobediência) de Código Penal.

O art. 268 do Código Penal edita ser crime "infringir determinação do poder público, destinada a impedir introdução ou propagação de doença contagiosa".

A determinação de fechamento de atividades não essenciais, como medida de prevenção no Estado de Emergência de Saúde, foi imposta por governos estaduais, desde meados de março, pelos Decretos n. 46.970, e 47.006 do Rio de Janeiro, pelos Decretos n. 64.879 e 64.881 de São Paulo, pelos Decretos n. 40.509 e 40.520 do Distrito Federal e pelos Decretos n. 55.128 e 55.154 do Rio Grande do Sul.

O Supremo Tribunal Federal, por decisão do Min. Marco Aurélio (Adin n. 6341), reconheceu a legitimidade dos Estados para legislar em matéria de saúde.

O presidente, ao promover aglomeração pública e ao incitar, como no discurso de 24 de março, a volta ao trabalho e reabertura das escolas, infringiu determinações do poder público que impedem a propagação de doença contagiosa grave chamada de gripinha.

Conforme publicou o site G1 (g1.globo.com?politica/noticia/2020/03/25/sociedade-braseira-distanciamento social), dezenas de entidades médicas e científicas apoiaram as medidas preventivas em crítica ao presidente.

No domingo passado, o presidente indo ao comércio de Brasília, reuniu no seu entorno várias pessoas, defendendo a volta à normalidade. Produziu a Secretaria de Comunicação vídeo insuflando ao trabalho, em boa hora vedado pelo Judiciário.

Assim, houve flagrante afronta às determinações do poder público mormente ao incentivar, como presidente, a população a desrespeitar as ordens de isolamento social, "destinadas a impedir a propagação de doença contagiosa".

Na noite de terça-feira passada, o presidente fez um recuo tímido, falando em união com governadores e prefeitos, mas sem defender o isolamento social. Todavia, essa incursão na racionalidade durou pouco. Na quarta cedo, atacou o isolamento e governadores ao difundir vídeo de falso desabastecimento dizendo-se: "A culpa disso aqui é dos governadores porque o presidente da República está brigando incessantemente para que haja uma paralisação responsável". Na manhã de quinta postou vídeo de mãe defendendo a volta às aulas e fim do isolamento, invenção da imprensa e dos governadores.

Assim, as condutas de incentivo ao desrespeito às determinações dos órgãos da saúde podem constituir infração penal e crime de responsabilidade, consistente este em falta de decoro ao descumprir as leis, por em risco a incolumidade pública e colocar interesses pessoais acima do interesse público.

Mas, o importante agora é todos se unirem na luta contra a pandemia, nos planos da saúde e da economia, sem o diversionismo do embate político, deixando o presidente falando o que bem deseja, no seu universo paralelo.

AÇÃO AFIRMATIVA

Vive-se contínuo desassossego em tempos de Bolsonaro, fonte única de uma crise política que não tem outra razão de ser que não a sua personalidade conflituosa.

Tem-se a impressão de estar a fazer viagem no trem fantasma ao percorrer o palácio do Planalto: na primeira curva encontra-se a figura da viúva do Coronel Ustra com um retrato do marido com dizeres em letra grande: Herói Nacional. Logo em seguida, tromba-se com o Major Curió em cadeira de rodas sendo homenageado. Depois de pequena reta, surge o rosto encaveirado de Roberto Jefferson vociferando contra os vagabundos do Supremo Tribunal Federal. Um longo túnel retrata os grupos dos domingos presidenciais antidemocráticos, bolsonaristas carregando faixas clamando pelo fim do Congresso Nacional. No final da viagem encontra-se, bem sentado em uma poltrona, sorridente, o ex-deputado Waldemar da Costa Neto.

Em face de investigação pelo Supremo sobre as fontes das Fake News, com determinação de busca e apreensão em endereços de apoiadores do presidente que constituem a origem da indústria de notícias falsas, veio uma reação desmedida, pregando-se a possibilidade, até mesmo, de guerra civil por parte de dezenas de coronéis, com aviso neste sentido pelo Ministro do GSI e o comentário do deputado Eduardo, o filho 03, reconhecendo inafastável a ruptura, bastando saber quando ocorreria.

Em vista desse quadro de radicalismo crescente, com ataques permanentes aos poderes Legislativo e Judiciário, a sociedade civil, até então adormecida, resolveu vir à tona para proclamar a defesa da democracia.

Surgiram, então, manifestos que reúnem pessoas de diversos matizes, ganhando destaque o divulgado pelo Movimento Estamos Juntos, subscrito por mais de 150.000. Assevera-se que "somos muitos, e formamos uma frente ampla e diversa, suprapartidária, que valoriza a politica "pedindo eficácia na resposta a crimes e desmandos de qualquer governo".

Em outro Manifesto, intitulado Basta, subscrito por cerca de 600 profissionais do direito pontua-se: "o presidente da República faz de sua rotina um recorrente ataque aos Poderes da República, afronta-os sistematicamente...Descumpre leis e decisões judiciais".... Assim, é preciso dar um BASTA a esta noite de terror com que se está pretendendo cobrir este país. Não nos omitiremos".

Outro documento com 170 assinaturas de personagens da área do direito enfrenta a justificativa de interferência militar com base no art. 142 da Constituição Federal: *"A nação conta com suas Forças Armadas como garantia de defesa dos Poderes constitucionais, jamais para dar suporte a iniciativas que atentem contra eles. Assim, às Forças Armadas não se agregam o papel de poder moderador entre os Poderes"....*

Associações de magistrados e procuradores foram incisivas em sua manifestação ao deixar preciso que "todo ato que atente contra o livre exercício dos Poderes e do Ministério Público, em qualquer das esferas federativas, se não evitado, será objeto, portanto, de imediata e efetiva reação institucional". Igualmente, a Associação dos Juízes Federais do Brasil (Ajufe) divulgou nota repudiando os eventos antidemocráticos que "demonstram desprezo absoluto à independência judicial".

Nota do colégio de ex-presidentes da Associação dos Advogados de São Paulo, explica: "A Nação está exausta em razão do clima artificial de confronto criado toda semana pelo senhor Presidente da República.... A sua estratégia fica dia a dia mais clara. A sociedade civil já percebeu o engodo e vem se posicionando por meio de manifestos que unem pessoas de diversos matizes políticos, identificados, todavia, pela crença nos valores da democracia".

Seis entidades da advocacia de São Paulo emitiram nota, pontuando não se poder viver sob sombra de constante lembrança de intervenção ou ruptura, a serem devidamente repudiadas. Igualmente o fizeram 130 organizações da sociedade civil no documento "Juntos pela democracia e pela vida". O núcleo pensante do país veio à tona.

Os excertos dos manifestos mostram viva disposição de se impedir qualquer retrocesso autoritário, em "superação de diferenças políticas em favor da preservação da democracia", a ponto de unir torcidas organizadas de times arqui-inimigos.

Pode-se, então, destacar nesses trechos a presença de duas tônicas: a defesa da independência do Judiciário e o aviso de se estar vigilante contra qualquer tentativa de limitação das liberdades democráticas, prometendo-se reação institucional ou uma resposta eficaz em face de crimes e desmandos.

A conduta daqui para frente destes organismos formais e informais, que se posicionaram em defesa da democracia, dependerá de como irá agir o senhor presidente, que na sua megalomania saiu a cavalo levantando o braço esquerdo como os generais em guerra até o fim do século XIX. Pode ser um Napoleão de hospício, que como dizia Nelson Rodrigues é feliz por não ter Waterloo.

Espera-se não ser necessária qualquer batalha para o mandatário sair do seu universo paralelo e cair na realidade do jogo democrático honesto e transparente.

A QUESTÃO SOCIAL

Para os sequazes do presidente, ou se é bolsonarista ou se é de esquerda, pior, "comunista". Esta dicotomia radical decorre da devoção a líder atleta salvador da pátria.

É assustador que falar de justiça social seja tido como tema esquerdista, em país no qual parcela imensa da população vive abaixo da linha de pobreza.

Em notícia do jornal da USP, no início do mandato de Bolsonaro, segundo os Indicadores sociais do IBGE, 54,8 milhões de brasileiros estavam abaixo da linha da pobreza, ou seja, 1/4 da população nacional tem renda domiciliar por pessoa inferior a R$ 406 por mês, de acordo com os critérios adotados pelo Banco Mundial (https://jornal.usp.br/atualidades/brasil-tem-55-milhoes-de-pessoas-abaixo-da-linha-da-pobreza/).

Em novembro de 2.019, passado um ano de governo Bolsonaro, a situação não melhorara, conforme o IBGE (https://agenciadenoticias.ibge.gov.br/agencianoticias, 6/11): a extrema pobreza aumentou no Brasil, somando 13,5 milhões de pessoas sobrevivendo com renda mensal per capita de até R$ 145, um recorde em sete anos, e quase um quarto da população brasileira, 52,5 milhões de pessoas, ainda vivia com menos de R$ 420 per capita por mês.

A desigualdade social é secular, em grande parte herança da escravidão, pois a abolição jogou os ex-escravos, destituídos de qualificação, no mercado de trabalho sem condições de competição e possibilidades de progredir por ausência de educação e de saúde. Daí(desculpe o uso dessa expressão), a constatação de que "a pobreza atinge sobretudo a população preta ou parda, que representa 72,7% dos pobres, em números absolutos 38,1 milhões de pessoas" (http://cee.fiocruz.br/?q=node/1076).

A questão social já fora abordada por Ruy Barbosa em famoso discurso no Teatro Lírico no Rio de Janeiro na campanha presidencial de 1.919, no qual pergunta: "mas o que fizeram dos restos da raça resgatada os que lhe haviam sugado a existência em séculos da mais improba opressão?" Ruy conclui ter sido a abolição uma ironia atroz, pois "ao dar liberdade ao negro, desinteressando-se, como se desinteressaram absolutamente de sua sorte, não vinha a ser mais do que alforriar os senhores". E aponta o mestre Ruy: "nem instrução, nem caridade, nem a higiene intervieram de qualquer modo".

A questão social foi objeto de largos estudos ao longo do tempo. Cabe destacar a atenção dada ao problema pelo Fórum Nacional organizado por Reis Velloso. O estudioso Roberto Cavalcanti de Albuquerque tem por critério não apenas os níveis de rendimento, mas indicadores sociais como: educação; saúde; trabalho; rendimento e habitação. Mostra, então, ter havido declínio do crescimento anual nos anos 80, fruto da crise do petróleo, da dívida externa e da inflação.

Propõe, de conseguinte, em 2.004, programa de redução da pobreza para "capacitar os pobres a serem sujeitos de suas próprias inclusões econômico-sociais". Atendido este programa, calculou que a extrema pobreza no percentual de 12,87% da população poderia reduzir-se a 4,4% em 2.015 (Cinco décadas de Questão Social, Rio de Janeiro, José Olympio, 2.004, p. 141). Enganou-se.

O desastroso segundo governo Dilma jogou o Brasil na recessão e o primeiro ano do governo Bolsonaro no campo social e econômico foi também negativo, proporcionando um aumento da miserabilidade, como antes assinalado.

Medida de grande alcance social, tornada evidente na pandemia, consiste na alteração da legislação relativa ao saneamento básico. O Projeto de Lei nº 3261 de 2.019, de autoria do senador Tarso Jereissati, baseado em Medida Provisória de Michel Temer, altera a Lei nº 11.445, de 5 de janeiro de 2007 (Lei do Saneamento Básico), buscando dar condições estruturais do saneamento básico no País. No caso, todavia, a iniciativa foi do Congresso.

Dos indicadores sociais, portanto, destacam-se a saúde e a educação. Na área da saúde, o governo federal, em plena pandemia, só conspirou em desfavor das medidas de precaução da disseminação do vírus. Hoje o ministério está militarmente ocupado.

No campo da educação o desastre foi total: Weintraub centurião do bolsonarismo pretendendo prender os vagabundos do Supremo Tribunal Federal. Agora, chegou-se a nomear um pretenso pós-doutor reprovado no doutoramento: fake currículo.

Mas para os bolsonaristas raiz, criticar o chefe é ser esquerdista e "comprometedor" preocupar-se com justiça social e direitos das minorias. Essa narrativa nada tem a haver com o impeachment de Dilma, quando se buscou livrar o país do desastre econômico, que se aprofundaria se ficasse no poder, e do aparelhamento do Estado viabilizador da corrupção sistêmica em benefício do PT e de outros partidos.

A corrupção não é de esquerda ou de direita, é negativa. A busca de redução da desigualdade social também não tem lado, é medida de justiça.

Posso concluir com Ruy Barbosa, para quem o egoísmo deve ceder frente à solidariedade humana, para se admitir a democracia social visando a reparar os agravos sofridos pela classe miserável, que infelizmente crescerá com a pandemia.

OS SÚDITOS DO PRESIDENTE

A pandemia faz aflorar a sensação plena de nossas contingências e fragilidades. Integramos agora, independentemente de nossa origem, cor, condição social, sexo, religião ou time de futebol, uma mesma categoria: potenciais vítimas da covid 19.

Tal importa em visitar e praticar o valor solidariedade social, fruto da consciência viva de dependermos cada qual do outro. Assim, cooperamos com o nosso próximo, esperando que ele também colabore conosco, para, em irmandade, juntos, superarmos o inimigo comum.

A noção de planetário pertencimento à nova categoria de potenciais vítimas do vírus desfaz eventual sensação de ser o outro um inimigo, uma fonte de desgraça, pois todos somos, sem o querer, concomitantemente, destinatários ou transmissores do mal. Esta recém experimentada condição, que nos retira de nossas atividades habituais, impõe a humildade de reconhecer que se deve aos demais a atenção de cuidados para os proteger.

O pertencimento a uma situação geral perigosa deve unir e não confrontar, fazendo surgir espírito comunitário, a ser vivido na rua, no prédio de moradia, no supermercado, nos ônibus, consistente no respeito à vida de todos, mesmo porque a proteção dos circunstantes também significa a defesa de si mesmo.

Todavia, não é o que se está a verificar por parte de parcela da nossa sociedade, ao negar o valor da solidariedade e se arvorar imune à peste, para por comodidade ou arrogância desrespeitar a vida alheia e não colaborar com o bem comum.

Já Oliveira Vianna (Instituições Políticas Brasileiras, José Olympio editor, 1.949, p. 132 e seguinte), estudando a formação cultural do Brasil, anotava ser absolutamente nula a solidariedade social entre nós, havendo apenas pequenos traços de solidarismo local sem nenhuma significação geral, concluindo: "o brasileiro é fundamentalmente individualista".

Há na rejeição ao uso da máscara recusa de se submeter a qualquer regulamentação, configurando uma regressão ao estado da natureza, em termos de Hobbes, ao se impor a própria vontade sem responsabilidade social e sem controle de si mesmo, a ponto de se permitir lesionar quem exige respeito às normas sanitárias.

Causa indignação um ex-presidente do Tribunal de Justiça e outro desembargador, do alto de sua prepotência, afrontarem a legítima regulamentação por decreto autorizado por lei federal, para se negar a usar máscara como o comum dos mortais. O que mais espanta, todavia, é a violência da reação ao se ser cobrado a cumprir a regulamentação e a regra moral da solidariedade. O desembargador ao rasgar e jogar no chão a multa ultrapassou a linha da contestação, para atuar com agressividade.

Esta violência assusta, ainda mais, quando se verifica que pessoas comuns, sem qualquer desvio pregresso de conduta, reagem violentamente quando questionadas por estarem sem máscara.

Podem ser colhidos diversos exemplos de norte a sul do país. Em Belo Horizonte, motorista de ônibus negou-se a transportar três pessoas sem máscara, que é obrigatória na capital mineira. Ainda tentou explicar não dever colocar em risco a vida de todos os passageiros, mas foi inútil: a mulher ao descer o estapeou no rosto (www.g1.globo.com/minas-gerais/noticia/20/07/20).

Em Alagoas, um cidadão repreendeu policial militar aposentado por não usar máscara. O policial o derrubou, chutou e o agrediu mesmo deitado, gritando: "usa máscara quem quer" (diariodopoder.com.br.brasil-e-regioes/alagoas/policial). Na cidade de Catalão, em Goiás, dono de bar idoso foi agredido, tendo a perna quebrada por um cliente ao ter pedido que usasse máscara (www.noticias.uol.com.br/cotidiano/2020/06/29).

Mais outra: Homem entrou sem máscara em supermercado em Vacaria, RS, e ao ser advertido pelo gerente, na discussão, o esfaqueou (Estado de São Paulo, de 21/06/2020). Também na cidade de Registro, sul do Estado de São Paulo, policial veio a ser agredido por empregados de loja após solicitar que usassem máscara. O policial lesionado disse ter sido "degradante a situação, pois queria a proteção deles e dos demais e por cobrar essa preocupação fui agredido" (www.jornaldebrasilia.com.br/nahorah/policial).

O que desencadeia essa violência, por parte de pessoas normais, em face de simples pedido de respeito às normas sanitárias durante uma pandemia, obrigação óbvia como medida de solidariedade social?

Além do insolidarismo vigente em nossa cultura, "se farinha pouca, meu pirão primeiro" (Bezerra da Silva), há evidente nexo de causalidade entre o mau exemplo que vem de cima e o exercício prepotente e agressivo da população ao ser cobrada pelo não uso de máscara (oglobo//globo.com/sociedade/especialistas-explicam). Se o presidente da república profere o insolidário "E daí?" e vai a bar, barraca de cachorro quente, aglomeração contra o Congresso e o Supremo sem máscara, cujo uso ridiculariza, com que autoridade se exige esse uso com ares de reprovação?

É uma vertente do "sabe com quem está falando?" - Está falando com um súdito do presidente.

ORGANIZAR A OPOSIÇÃO

Recente pesquisa de opinião pública atribui a Bolsonaro 40% de aprovação, na mesma semana em que o país passou pela vergonha de discurso irresponsável do presidente da República na ONU, no qual disse ter a justiça atribuído aos governadores a condução das medidas no campo da saúde pública, além de culpar "índios e caboclos" pelos incêndios na Amazônia.

O resultado da pesquisa revela a consagração do embuste como expediente para enganar uma população que admira mais o histrionismo do governante do que a realidade visível.

Membros da imprensa e da sociedade civil se arvoraram contra o desplante do discurso, mas grande parte de nosso povo não quer ler nem ouvir manifestações revestidas de racionalidade e não alimentam interesse em se informar e minimamente avaliar os fatos.

Em maio, quando 30% consideravam o governo Bolsonaro bom ou ótimo, foram lançados vários manifestos tradutores do sentimento e pensamento dos demais 70%, destacando-se o documento editado pelo movimento Estamos Juntos. Do manifesto, realçam-se dois parágrafos: "Somos a maioria e exigimos que nossos representantes e lideranças políticas exerçam com afinco e dignidade seu papel diante da devastadora crise sanitária, política e econômica que atravessa o país"; e no segundo parágrafo digno de destaque afirmava-se: "temos ideias e opiniões diferentes, mas comungamos dos mesmos princípios éticos e democráticos. Queremos combater o ódio e a apatia com afeto, informação, união e esperança".

Outro Manifesto de cerca de 600 juristas, intitulado "Basta", destacava que o país estava em crise política "quando já imerso no abismo de uma pandemia que encontra no Brasil seu ambiente mais favorável, mercê de uma ação genocida do presidente da República". E mais adiante sinalizava-se: "Todos nós acreditamos que é preciso dar um BASTA.... Não nos omitiremos. E temos a certeza de que os Poderes da República não se ausentarão".

Hoje, estamos quase virando minoria e em vez de se ter dignidade do presidente nesta devastadora crise sanitária, ocorre continuada falta de solidariedade e de coragem de sua parte, que fez, em 18 de setembro, chacota das medidas de isolamento, ao dizer aos agricultores: "Vocês não pararam durante a pandemia. Vocês não entraram na conversinha mole de 'fica em casa', 'a economia a gente vê depois'. Isso é para os fracos".

Exigia-se, nos manifestos, que houvesse afeto, informação, presença dos poderes da República. O que se vê, todavia, por parte de Bolsonaro, é apenas desprezo pela dor dos doentes e dos seus familiares, humilhação dos receosos de contrair o vírus, gerador de tantas mortes, ofendendo a todos que se cuidam, ao chamá-los de fracos. Elogia, assim, o ideal infantil do "Superman", que munido de substância milagrosa, cloroquina, uma antikriptonita, enfrenta o vírus de peito aberto.

Clamava-se por ação dos Poderes da República, mas ocorre alarmante silêncio dos principais atores políticos, a começar pelos presidentes da Câmara dos Deputados e do Senado Federal, que em sua ambição de reeleição, manifestamente inconstitucional, se fazem de surdos.

Nos manifestos, requeria-se informação veraz, mas o que se tem é desinformação. Na ONU, o presidente disse: "por decisão judicial, todas as medidas de isolamento e restrições de liberdade foram delegadas a cada um dos 27 governadores das unidades da Federação. Ao Presidente, coube o envio de recursos e meios a todo o País".

Mentira. O voto do Min. Fachin, relator da ADin 6341, bem esclarece ser "competência comum dos entes federativos a adoção ou manutenção de medidas restritivas durante a pandemia da Covid-19. Assim, a princípio, tanto a União quanto os Estados e os Municípios podem (e devem) adotar imposição de distanciamento social". O Min. Gilmar Mendes no seu voto elucida: "todas as esferas federativas que compõem o SUS (União, Estados, Municípios e Distrito Federal) possuem deveres e responsabilidades com a saúde pública, e é de todas elas que devem ser cobradas atuações administrativas eficazes, preventivas e de assistência".

A verdade deixou de ser um valor, haja visto Bolsonaro blasonar-se, com sucesso, da concessão do auxílio emergencial, quando propusera só 200 reais e foi Congresso a impor o triplo.

No lugar de sinceridade, união e afeto, vive-se a criação artificial de inimigos e a exploração do medo geradora de crenças salvacionistas e polarizadoras.

O que fazer diante desse quadro? Como diz Milagros Pérez Oliva no El Pais (27/09), não se tem antídoto certo para afrontar a teoria da conspiração do neopopulismo.

Contudo, não há de se entregar o jogo, asfaltando o caminho do autoritarismo digital. Cumpre fazer o debate, mesmo que com isso se venha a ser acusado de fazer parte da conspiração.

Cabem, então, novos manifestos dos grupos de maio passado e ocupar as redes sociais, denunciando com firmeza o atual descalabro politico, econômico e moral. É hora de organizar a oposição sem partido, visando a preservar a racionalidade e a democracia.

PORQUE NÃO FALEI DE FLORES

O Chile foi convulsionado por protestos detonados pelo aumento da passagem de metrô. A população repeliu a elevação de 800 a 830 pesos, correspondentes a R$ 4,73. O salário mínimo é de 301 mil pesos, cerca de R$ 1.715,70, mas a maior parte da população recebe por volta de 400 mil pesos, ou seja: R$ 2.280,00, bem mais do que o percebido por imensa parcela dos brasileiros.

Comentaristas políticos ponderam ser o preço da passagem apenas a ponta do iceberg, pois é a desigualdade social o pano de fundo da insatisfação popular em face do custo da eletricidade, da água e diante da crise nos setores da saúde e da educação. Acrescem as injustiças do sistema privatizado de previdência, que onera o trabalhador e proporciona proventos irrisórios.

Foi decretado pelo presidente Piñera o Estado de Emergência, com interferência das Forças Armadas, resultando em confrontos com a morte de dezenove pessoas, sendo uma criança, além de milhares de detenções.

Diante da revolta surgida de modo espontâneo, o presidente do Chile veio a público, com humildade, reconhecer ter faltado visão para entender a dimensão dos problemas, pedindo perdão por ter demorado a agir para corrigir a situação. Anunciou a adoção de agenda social para promover reformas do sistema previdenciário e de saúde, elevar o salário mínimo e reduzir as tarifas de energia. Mesmo assim, na sexta-feira, dia 25, mais de um milhão de pessoas foram às ruas em pacífica marcha de protesto.

As dificuldades cotidianamente sofridas pela população, fruto de um modelo neoliberal insensível às penúrias e ao malogro no acesso ao bem-estar, foram reconhecidas pelo presidente chileno.

Em contraste, o nosso presidente Bolsonaro, que gosta de palpitar sobre os países vizinhos, voltou a elogiar a ditadura de Pinochet ao dizer que a crise de hoje decorre do fim do regime militar, com interferências de Cuba e governos de esquerda. Com considerações em nada fundamentadas, disse Bolsonaro sobre a crise chilena: "O problema do Chile foi gravíssimo. Aquilo não é manifestação nem reivindicação. São atos terroristas". Vendo terrorismo nos movimentos de reivindicação social, disse o capitão presidente ser preciso, em vista de protestos semelhantes, além do monitoramento, ter as tropas "preparadas" para os reprimir.

Mais ainda: revelou o mandatário brasileiro ter conversado com o Ministério da Defesa, pois "a tropa tem que estar preparada porque, ao ser acionada por um dos três Poderes, de acordo com o artigo 142 (Constituição), deve ter condição de fazer a manutenção da lei e da ordem."

O sofrimento vivido pelo povo brasileiro, desde o desastre econômico do irresponsável governo Dilma, apenas se tornou mais grave até o segundo trimestre do ano em curso, como mostra pesquisa recente da FGV.

O quadro é desesperador. A "Escalada da Desigualdade", estudo da FGV divulgado em meados de agosto, indica serem há quatro anos arrasadoras as condições sócio-econômicas, com grande perda de renda dos mais pobres, havendo, na outra ponta, elevada concentração de riqueza. A partir de dados da Pesquisa Nacional de Amostra por Domicílio Contínua, do IBGE, mostrou-se pelo Gini — indicador que mede a diferença de renda - que a concentração de renda alcançou seu máximo histórico: 0,6291, no segundo trimestre de 2019.

Medindo o bem-estar da população, o estudo da FGV indica que do quarto trimestre de 2.014 ao segundo deste ano: i) a metade mais pobre experimentou variações reais acumuladas de -17,1% desde o início da crise; ii) os 40% intermediários seguintes, isto é, a classe média teve perdas de -4,16%; iii) os 10% mais ricos - espécie de classe média tradicional mais alinhada aos padrões americanos -, apresentaram ganhos de 2,55% no período; iv) os 1% mais ricos, incluídos no grupo anterior obtiveram ganhos de dois dígitos, de 10,11%.

Em resumo: a desigualdade entre os 1% mais ricos e os 50% mais pobres cresceu 41,7%, desde o fim de 2.014 até o presente momento. Mas para Bolsonaro a evidente questão social é *a priori* enquadrada como questão de polícia. Eventuais protestos serão vistos como ato de terroristas a serem enfrentados pelas Forças Armadas, a estarem preparadas para a repressão.

Se a penúria não foi criada por este governo (e por isso lutei pelo impeachment), é bem verdade, no entanto, que a crise deveria ter sido enfrentada prioritariamente com medidas de cunho econômico-social, pois soluções não brotam por obra da mão invisível do mercado. A cada semana o Ministério da Economia lança balão de ensaio e agora corre atrás de providências que não teriam sido implementadas por conta da votação da reforma de previdência. Desculpa esfarrapada. Na verdade, a questão social foi secundária ao longo de 10 meses.

Fora o 13º. salário família, durante 300 dias o jovem desempregado, a mãe no subemprego, os universitários na informalidade ainda não receberam acenos do governo. Bolsonaro e seu filho, feito líder do PSL, perigosamente qualificam possível protesto por melhores condições de vida, nesta sociedade desigual, como ato terrorista, justificando antecipadamente o uso das Forças Armadas em face de movimentos de rua.

Em maio de 2.018, escrevi nesta página artigo intitulado "A volta da ditadura pelo voto". Era previsão baseada na vida pregressa do capitão adorador da tortura. Hoje, diante de manifestações do presidente, se vê estar no ar a tentação autoritária, conforme ressalta editorial de O Estado domingo passado.

Bolsonaro gosta do confronto e forja inimigos; vislumbra a ONU, a CNBB, o STF e a OAB como hienas a devorá-lo; usa fake news e o poder em favor do seu clã; ameaça não renovar a concessão à Globo por notícia que o desagrada. É bem possível, portanto, se esperar caminho antidemocrático ao se admitir a volta do AI-5 e a convocação das Forças Armadas em face de reclamo social.

A MENTIRA

É fato notório que o presidente Bolsonaro é pessoa tosca, deseducada, nada afeito a qualquer etiqueta. Pelo contrário, orgulha-se de ser um atleta bronco e não um "bundão" que morre ao contrair a covid 19.

Mas, além das grosserias proferidas contra jornalistas, tão ou mais grave foram as tentativas de desvirtuar a verdade.

Com efeito, ao chegar à catedral domingo 23/8, jornalista de O Globo indagou: Presidente, por que sua esposa, Michelle, recebeu R$ 89 mil de Fabrício Queiroz? E o presidente respondeu ao jornalista: *"Vontade de encher a sua boca de porrada".* No mesmo instante ambulante falava: *"vamos visitar, presidente, a nossa feirinha da Catedral?"*.

Segundo vídeo falso, de site bolsonarista, com foto de Bolsonaro abraçado à sua filha, o Repórter teria dito: "Vamos visitar sua filha na cadeia", ao que, então, o presidente reagiu: "vontade de encher sua boca de porrada". Sites bolsonaristas difundirem inverdades, para salvar a cara do seu mito, é já habitual no mundo das Fake News.

O grave está em o presidente, sabedor da falsidade inventada por apoiadores, ter reproduzido em seu canal do Youtube a versão mentirosa, sem legendas, com o título: *"E conhecereis a verdade e a verdade vos libertará!"*. O filho 02, Carluxo, compartilhou no Twitter essa versão de conteúdo falso.

Não é a primeira vez que o presidente recorre à mentira para atacar jornalista. Vera Magalhães noticiou que Bolsonaro divulgara vídeo convidando pessoas a irem a ato contra o Congresso Nacional, no dia 15 de março deste ano.

Bolsonaro, em live do Palácio do Alvorada e em sua página no Facebook, acusou falsamente a jornalista de ter confundido o vídeo no qual convocava para reunião contra o PT em 2.015 e o chamamento para o ato de 15 de março de 2.020, ambos em um domingo.

Disse o presidente: "O vídeo abaixo chegou ao conhecimento da jornalista Vera Magalhães que, na sede de furo jornalístico, publicou matéria como se eu estivesse convocando ato para as manifestações de 15/março/2020. Ela, certamente por má fé, não atentou que o vídeo era de 2015, onde houve uma manifestação no dia 15 de março (domingo) daquele ano contra o governo do PT",

E completava o mandatário com a seguinte ofensa: "não sou da sua laia, esqueceu de ver a data. Trabalho porco precisa ter um pouco mais de vergonha na cara".

A mentira do presidente era inadvertidamente por ele mesmo denunciada, pois na live disse que o vídeo contava um pouco de sua vida: a facada. Ora a facada se deu em 2.018, portanto, o vídeo não poderia dizer respeito a manifestação de 2.015. Além do mais, no vídeo mostrava-se a posse de Bolsonaro em 2019. Ainda por cima, o ministro José Eduardo Ramos e o deputado Alberto Fraga confirmaram ter recebido de Bolsonaro o vídeo.

Inverdades e acusações são marcas dos dois acontecimentos. O uso deslavado da mentira, como arma de defesa para tentar esconder seus atos que infringem a dignidade do cargo, une-se à deslealdade de fazer recair sobre outros as suas culpas.

A intenção de mentir está em fugir da verdade para tentar se eximir de responsabilidade pelos atos cometidos, induzindo em erro os destinatários da mensagem, sem qualquer pudor (Batistelli. A mentira, trad. Fernando Miranda, S. Paulo, 1.945, p. 81)

Nos casos, as mentiras têm perna curta, a demonstrar que no afã de ocultar a verdade e culpar terceiro, nem se fez a versão passar pelo crivo do raciocínio, parecendo ser fruto de um impulso, indicando, conforme Battistelli, ser a mentira quase patológica.

A simulação da indignação, ao rechear a mentira com ofensas aos terceiros aos quais pretende culpar pelos próprios atos, é um truque grosseiro, um fingimento, a revelar antes pusilanimidade frente a possíveis aborrecimentos, do que a força que se pretende demonstrar.

A ficção visa a proteger das dificuldades, aderindo à mentira como tábua de salvação, em recurso próprio dos medrosos (Battistelli, cit., p. 143), pois, ao contrário dos homens de coragem, não assumem os próprios atos. Mentir e acusar o outro é a reação comum dos fracos frente a uma pergunta que não sabem responder.

Uma das hipóteses de crime de responsabilidade prevista na Lei n. 1079 de 1.950 está em proceder o presidente "de modo incompatível com a dignidade, a honra e o decoro do cargo" (art. 9º, 7).

Aquele que age sem ser conforme a dignidade exigível para o exercício do cargo, desmoraliza a "própria imagem do Estado aos olhos do povo", com perda da respeitabilidade. A retidão moral constitui o cerne da dignidade no exercício do cargo de primeiro mandatário da Nação.

O professor Fábio Comparato, na peça que preparou para o impeachment de Collor, ensina que a lei introduziu na definição do delito a ideia central do decoro, que vem a ser temperança, domínio das paixões, honestidade, decência, pois "o que é honesto é decente e vice-versa".

E cabe perguntar, então: tem retidão moral aquele que mente e acusa injustamente terceiro para se livrar da assunção dos próprios atos que se revestem, por si só, da ausência do devido decoro?

É mais uma pergunta que não quer calar.

ALERTA EM FACE DOS PERIGOS ÀS NOSSAS LIBERDADES

A Nação está exausta em razão do clima artificial de confronto criado toda semana pelo senhor Presidente da República, que elege inimigos dentro e fora de seu governo para sustentar a ficção de uma conspiração justificadora de atos de exceção.

A sua estratégia fica dia a dia mais clara. A sociedade civil já percebeu o engodo e vem se posicionando por meio de manifestos que unem pessoas de diversos matizes políticos, identificados, todavia, pela crença nos valores da democracia, do Estado de Direito.

Poder constitucional, desarmado e silente, que garante e representa a ordem democrática, é o Judiciário, em especial por seu órgão máximo, o Supremo Tribunal Federal, agora objeto de ataques reiterados nas praças públicas, com a presença do presidente da República, e nas redes sociais, pregando-se sua extinção ou a prisão de seus ministros, pretendida até mesmo perante o conselho de ministros pelo ministro da Educação.

Nós, ex-presidentes da Associação dos Advogados de São Paulo, entidade prestadora de relevantes serviços à advocacia de São Paulo e do Brasil desde 1943, também não podemos ficar alheios ao que se passa no país e trazemos, mais do que nosso repúdio, o nosso compromisso de lutar com todos os esforços contra qualquer tentativa irresponsável de quebra do regime democrático, que a história revela ter começado muitas vezes pela afronta ao Judiciário e ao Legislativo.

O ataque ao Supremo Tribunal Federal se dá ou por suas decisões causarem desgosto pessoal ao senhor presidente, ou como desculpa para se instalar um regime de exceção. Em ambas as hipóteses se percebe ser um sofisma o pretenso recurso aos dizeres do art. 142 da Constituição Federal, relativo ao papel das Força Armadas, para nele buscar canhestramente justificativa para chamamento destas para intervir nas instituições da República.

As Forças Armadas são órgãos do Estado a serviço da defesa da Constituição e da Pátria. Devem defender o poder constitucional que está a sofrer ataques que constranjam sua liberdade, até mesmo na integridade física de seus membros, no caso o Judiciário.

Não há crise institucional. A crise é artificial e é criada, repetimos, pelo presidente da república, que se vitimiza, elegendo o Supremo Tribunal Federal como bode expiatório, para tentar junto ao povo enganadoramente legitimar o desrespeito ao Judiciário e o desprezo ao Congresso.

Nós que como advogados, ao longo do tempo, sempre vivenciamos o confronto de posições resolvido pela persuasão ou pelo acatamento das decisões judiciais, percebemos claramente o perigo que estão a correr as liberdades democráticas ao se buscar perenizar conflitos e afrontar a justiça.

Vimos, então, alertar a sociedade e em especial advogados e advogadas para ficarmos atentos em defesa da democracia e das nossas liberdades, civil e política.

CEGUEIRA DELIBERADA

João Alberto Silveira Freitas, negro de 40 anos, soldador, foi massacrado por dois seguranças, um deles policial militar fazendo bico no Supermercado Carrefour de Porto Alegre. Caído ao chão, João foi espancado e esmagado até morrer asfixiado, sob a supervisão de fiscal do supermercado. É tristemente reiterada a violência praticada contra pessoas negras pelas autoridades, no caso, os "seguranças" particulares fardados.

A exclusão do exercício de direitos por parte da população negra, vítima de discriminação ao longo da História, traz à tona a constatação do racismo estrutural vigente no Brasil. Com o racismo instala-se a inferiorização do outro, que se considera diverso, não se lhe atribuindo a possibilidade de estar "entre nós", de gozar dos mesmos direitos. É uma manifestação cultural, fruto do sistema social, político e econômico, presente no comportamento cotidiano produtor da diminuição de determinadas pessoas, em razão de sua cor, orientação sexual, etnia, religião.

O racismo em virtude da cor da pele é fato inconteste na História e na realidade social e econômica de hoje. Os brancos privilegiados, como eu, tem o dever maior de primeiramente reconhecer a existência do racismo: dizer o contrário perpetua a odiosa discriminação.

Durante séculos, pretos eram tratados como coisas. Segundo Jacob Gorender, o escravizado era propriedade privada de outro indivíduo; trabalhava sob coação física e o produto de seu trabalho pertencia ao dono (A escravidão reabilitada".

São Paulo: Ática, 1991, p. 87). Reduzido ficticiamente o homem a objeto de propriedade de outro homem, como dizia Perdigão Malheiros, o *escravo* era vendido como semovente, alugado, doado, dado em penhor, separado de seus parentes e mulher, pois o "escravo não tinha família", não se casava, apenas se unia, sem exercer pátrio poder sobre seus filhos. A pena de açoites, proibida pela Constituição imperial, era, no entanto, prevista no art. 60 do Código Criminal para os escravos.

Reconhecia-se o direito de o senhor colocar o escravo que perdera a perna a esmolar na rua, ficando, porém, o proprietário com o resultado da caridade prestada ao preto deficiente físico. Autorizava-se que moças pretas fossem a mando do senhor se prostituírem, ficando o resultado do comércio carnal em poder do seu dono.

O Tribunal de Relação de Fortaleza, em 24 de fevereiro de 1887, decidiu que: "*A favor de escravo não tem lugar o recurso de Habeas-corpus por não ser cidadão e ter restrictos os direitos criminaes e civis...*".

O Ministério Público de Pernambuco, em nome da escravizada Honorata de 13 anos, pessoa miserável, propôs ação penal contra o senhor que a estuprara. A condenação de 1ª. instância foi revista pois Honorata era miserável, mas não pessoa.

Essa exclusão de pretos da possibilidade de vida digna, em todos os planos, estendeu-se no tempo, pois a Abolição, sem medidas de auxílio ao escravizado liberto, o tornou um miserável na sociedade competitiva.

A desvantagem persiste. O Observatório Afro-Brasileiro, com base em estudo do IBGE de 2.000, destaca que, de todo o rendimento, somando salário, aposentadoria, programas de renda mínima e aplicações financeiras, 74,1% ficam com os brancos. A população negra (pretos e pardos) quase 60% dos brasileiros, tem apenas um quarto dos resultados econômicos (https://www1.folha.uol.com.br/fsp/cotidian/ff2011200315.htm)

No estudo Desigualdades Sociais por Cor ou Raça do IBGE de 2.019, há significativa constatação: "Enquanto as mulheres receberam 78,7% do valor dos rendimentos dos homens, em 2018, as pessoas de cor ou raça preta ou parda receberam apenas 57,5% dos rendimentos daquelas de cor ou raça branca. O diferencial por cor ou raça é explicado por fatores como segregação ocupacional, menores oportunidades educacionais e recebimento de remunerações inferiores em ocupações semelhantes". https://biblioteca.ibge.gov.br/visualizacao/livros/liv101681_informativo.pdf . Em suma: as pessoas negras perceberam ainda menos do que as já discriminadas mulheres.

São inaceitáveis as declarações do presidente da República e do Vice. Bolsonaro disse: "Somos um povo miscigenado. Brancos negros e índios edificaram o corpo e espírito de um povo rico e maravilhoso. Foi a essência desse povo que conquistou a simpatia do mundo. Contudo, há quem queira destruí-la. E colocar em seu lugar ou conflito, o ressentimento, o ódio e a divisão entre raças. Sempre mascarados de lutas por direitos igualdade ou justiça social. Tudo em busca de poder". O Vice negou veementemente haver racismo no Brasil.

Como diz Sueli Carneiro, o argumento da miscigenação dá suporte ao mito da democracia racial na medida que o intercurso sexual seria o indicativo de nossa tolerância sexual, omitindo-se o estupro colonial (Racismo, sexismo e desigualdade no Brasil, p. 55).

Fazer de conta que não há racismo é imensa hipocrisia, especialmente quando se acusa quem aponta a verdade como destruidor da "simpatia" brasileira. Não é daltonismo, é cegueira deliberada.

PANDEMÔNIO

Em entrevista ao programa Câmera Aberta, da Band, em 1999, Bolsonaro, indagado se caso fosse presidente fecharia ao Congresso, respondeu: "Não há a menor dúvida. Daria golpe no mesmo dia. Nesta mesma entrevista defendeu a tortura e disse que o Brasil "só vai mudar infelizmente quando partirmos para uma guerra civil... matando uns 30 mil.... Vão morrer alguns inocentes. Tudo bem. Em toda guerra, morrem inocentes".

Ao votar no impeachment o fez em homenagem ao torturador Coronel Brilhante Ustra, "o pavor de Dilma Roussef", disse.

Pela segunda vez, em plena pandemia, Bolsonaro foi a manifestação dominical contra o Congresso Nacional e em favor da ditadura. Antes da fala de Bolsonaro, circunstantes gritavam "Fora, Maia", "AI-5", "Fecha o Congresso", "Fecha o STF" e carregavam faixas pedindo "intervenção militar já com Bolsonaro", que em seu discurso falou: "Eu estou aqui porque acredito em vocês. Vocês estão aqui porque acreditam no Brasil", adotando como seu, portanto, o teor da manifestação.

A identificação com esta reunião comprova-se ao pretender interferir em favor dos manifestantes, com mudança do diretor da Polícia Federal: na mensagem enviada a Moro, ministro da justiça, Bolsonaro reproduz reportagem do site "O Antagonista" segundo a qual a PF está "na cola" de dez a 12 deputados bolsonaristas.

O presidente, então, escreveu: "Mais um motivo para a troca". Patente, destarte, que buscava interferir no inquérito determinado pelo Min. Alexandre Moraes instaurado para verificar "a existência de organizações e esquemas de financiamento de manifestações contra a democracia e a divulgação em massa de mensagens atentatórias ao regime republicano". A nomeação de pessoa íntima para diretoria da PF, cuja posse foi obstada pelo STF, é prova do interesse de demissão do então dirigente para se imiscuir nas investigações.

O comportamento de Bolsonaro em face da pandemia mostra indiferença ao que poderia acontecer se desrespeitadas as normas de isolamento e quarentena determinadas pela OMS e pelo ex-ministro Mandetta, demitido por estar a defender a vida dos brasileiros.

Na última terça-feira, indagado sobre o aumento do número de mortes, o presidente deu resposta agressiva: "E daí? Lamento. Eu sou Messias mas não faço milagres".

Bolsonaro ao longo do tempo não modificou seu modo de ser. O seu comportamento, constatado, também, desde a posse indica estarmos diante de possível anormalidade de personalidade a merecer análise médica acurada em defesa do país.

Há algum tempo manifestei que o problema de Bolsonaro era de interdição. Não estava a fazer blague. Os dados comportamentais revelam possível transtorno de personalidade, profundamente estudado por Odon Ramos Maranhão (Psicologia do crime, 2a ed. Malheiros, 1.995, cap. 7) e objeto de classificação pela CID-10 Classificação Internacional de Doenças da OMS em livro específico sobre doenças mentais (Classificação de Transtornos Mentais e de Comportamento(editor artes médicas, página 199).

Nesta classificação, o transtorno de personalidade anti-social, antigamente denominado personalidade psicopática, é caracterizado "pela indiferença insensível pelos sentimentos alheios; atitude flagrante e persistente de irressponsabilidade e desrepeito a regras; baixa tolerância à frustração; incapacidade para experimentar culpa e propensão a culpar os outros". Poderia ser, eventualmente, transtorno de personalidade paranóide, de cujas características pode-se citar "combativo e obstinado senso de direitos pessoais; tendência a experimentar autovalorização excessiva e preocupação com explicações conspiratórias".

Outra publicação muito respeitada é o DSM-5 da Associação Psiquiátrica Americana, http://www.niip.com.br/wp-content/uploads/2018/06/Manual-Diagnosico-e-Estatistico-de-Transtornos-Mentais-DSM-5-1-pdf.pdf , que nas páginas 645 e seguintes estuda os Transtornos da Personalidade, cabendo destacar: "1- paranoide, caracterizado por desconfiança e de suspeita tamanhas que as motivações dos outros são interpretadas como malévolas.; 2- antissocial, cujo padrão é desrespeito e violação dos direitos dos outros; 3- narcisista, que apresenta sentimento de grandiosidade, necessidade de admiração e falta de empatia".

Esta reiteração de comportamento de Bolsonaro em favor de conflitos que expressam dor, o apoio a manifestações em prol do fechamento do Congresso e do STF, chegando a agir, como presidente, para não se apurar devidamente a organização do ato de domingo, dia 19 de abril; a campanha contra o isolamento social, única medida possível para reduzir mortes; a trágica expressão, "e daí?" acerca do aumento do número de mortes; o gosto pelo aplauso popular a ponto de no dia 15 de março ao ser ovacionado em frente ao Planalto ter dito: "isso não tem preço", são todos sinais de possível enquadramento nas categorias psiquiátricas acima lembradas.

No meio da pandemia, um pandemônio.

2021

LEI MARCIAL CABOCLA

Artigo de lei de 2015, que fixava a obrigatoriedade de impressão do voto, foi, em liminar do plenário do STF de 2018, considerado inconstitucional. Tal decisão foi confirmada em setembro passado por unanimidade (ADI 5889). Após as recentes eleições municipais, o Min. Barroso, presidente do TSE, declarou: *"jamais se comprovou qualquer aspecto fraudulento no Sistema, que até hoje se revelou imune à fraude".*

Apesar das decisões do STF, em 29 de novembro último, Bolsonaro voltou a insistir na necessidade do voto impresso como garantia de fidedignidade. Agora, nas férias de Natal, em Santa Catarina, Bolsonaro disse: *"Se a gente não tiver voto impresso em 2.022 pode esquecer a eleição".*

Trata-se de ameaça grave. Como esquecer a eleição de 2.022 se não houver voto impresso já tido por inconstitucional pelo STF? Qual a intenção de Bolsonaro? Prepara-se para contestar derrota em 2.022, antecipando a acusação de fraude, como tentou Trump?

Se juntarmos a acusação infundada de fraude em urnas eletrônicas, sem a mínima comprovação, com a principal atividade desenvolvida por Bolsonaro, então, acende-se a luz amarela do perigo.

E qual é essa atividade? O presidente tem comparecido a solenidades de graus inferiores das Forças Armadas (sargentos da Marinha) e das polícias militares, como se deu recentemente ao ir à formatura de soldados da Polícia Militar do Rio de Janeiro. Nessa solenidade de pequeno relevo, Bolsonaro disse: soldados arriscam a vida na proteção a todos, enquanto a imprensa defende canalhas, sendo que "a imprensa jamais estará do lado da verdade, da honra e da lei. Sempre estará contra vocês".

O presidente coloca a imprensa como inimiga dos soldados, pois "está sempre contra a lei e a verdade". Qual a razão de prestigiar cerimônias de soldados de polícia militar, pregando contra a imprensa livre, esteio da democracia?

A História brasileira dá a resposta. Na República houve participação relevante de forças estaduais nos movimentos sediciosos. Exemplo está na Revolução de 1.924, comandada pelo Major da Força Pública, Miguel Costa, chefe do Regimento de Cavalaria de São Paulo (Juarez Távora: Uma vida e muitas lutas, p. 140) e depois mentor da Coluna Prestes, que conforme afirma Leôncio Basbaum, deveria ser denominada Coluna Miguel Costa/Prestes (História Sincera da República, p. 233).

A Revolução de 1.930 teve importante participação das polícias militares do Rio Grande do Sul e de Minas Gerais, e também da polícia de São Paulo que, em conjunto com o Exército, assumiu provisoriamente o governo da província (Helio Silva: Os tenentes no poder, p. 87). Miguel Costa ocupou, então, o comando geral da Força Pública paulista (Domingos Meirelles: 1.930, os órfãos da revolução, p. 649).

Como ressaltam Lilia Schwarcz e Heloisa Starling, a estratégia das forças rebeldes em 30 foi a de obter a adesão dos oficiais subalternos e sargentos, o que deu certo, e, principalmente, o apoio das "poderosas Polícias Militares estaduais, pequenos exércitos autônomos, muito bem equipados" (Brasil uma biografia, p. 359).

Na Revolução constitucionalista de 32, a participação da Força Pública em São Paulo foi patente, mas também a resistência do governo se deu graças à polícia militar de Minas Gerais, que enfrentou e derrotou os paulistas no Túnel da Mantiqueira, na estrada de ferro divisa entre Cruzeiro- SP e Passa Quatro-MG, ganhando o túnel o nome do Coronel da PM de Minas Gerais, Fulgêncio de Souza Santos, falecido no confronto (https://www.em.com.br/app/noticia/gerais/2018/07/30/interna_gerais,976559/tunel-na-serra-da-mantiqueira-guarda-marcas-da-revolucao-de-1932).

Em 1964, o General Mourão, comandante da 4ª. Região Militar em Minas Gerais, resolveu caminhar em direção ao Rio de Janeiro, à frente de conscritos do exército mal equipados, mas contando com a Polícia Militar de Minas, então governada por Magalhães Pinto, sendo seus integrantes profissionais treinados. O mesmo se diga do peso da Força Pública do Estado de São Paulo, em 1.964.

A importância bélica das polícias militares, cujos integrantes são profissionais do confronto, verifica-se pela circunstância de o regime militar ter submetido de imediato essas corporações ao controle do Exército, sendo seu comando na ditadura entregue a oficiais generais, como foi o caso do General Figueiredo em São Paulo, depois presidente da República.

O governo federal, por meio do chefe da Força Nacional, apoiou a greve de soldados no Ceará e Bolsonaro insiste em ampliar a exclusão de crime no caso de violência praticada por policiais militares, revelando sua aliança com forças estaduais de segurança.

A grave menção de que "se não houver voto impresso, esqueça-se a eleição de 2.022", somada à corte que Bolsonaro faz às polícias militares, instigadas contra a imprensa livre, forma um quadro preocupante diante de possível derrota do presidente, que terá preparado o terreno para uma "lei marcial", tal qual a pensada por Trump, dando fim à democracia jamais cultuada. E daí?

A HISTÓRIA SE REPETE COMO FARSA

Em janeiro de 1.970, sendo ministro da Justiça Alfredo Buzaid, o governo militar editou o Decreto-Lei n. 1077, estabelecendo a censura, visando a "preservar a moral e os bons costumes".

O obscurantismo cresceu no governo seguinte com Armando Falcão no Ministério da Justiça, quando se montou plano de combate sistemático a publicações "obscenas e subversivas", propondo aplicar-se a Lei de Segurança Nacional, pois a censura e a "benigna" Lei de Imprensa seriam insuficientes na guerra psicológica adversa (confira-se: Douglas Atilla Marcelino - Subversivos e pornográficos: censura de livros e diversões nos anos 1.970).

Livros extraordinários foram proibidos e inquéritos policiais-militares instaurados por crime contra a segurança nacional, como sucedeu com Rose Marie Muraro (A mulher na construção do mundo futuro), Renato Carvalho Tapajós (Em Câmara Lenta), Lourenço Diaféria, sendo os últimos até presos.

Em maio de 2.018, escrevi nesta página que, com Bolsonaro, haveria risco da volta da ditadura. Hoje o ministro da justiça revive Armando Falcão aplicando a Lei de Segurança Nacional a críticas jornalísticas.

Em parecer conjunto ofertado ao Conselho Federal da OAB, Alexandre Wunderlich e eu analisamos a origem e o significado do conceito de segurança nacional, como próprio de regime autoritário, razão por que deve haver nova lei de defesa do Estado. Segurança nacional vinha a ser uma estratégia para garantia da consecução dos "Objetivos Nacionais Permanentes", visando, primordialmente, a assegurar a mantença do regime militar por via da contenção de qualquer efetiva oposição nos campos político, econômico, psicossocial e militar, reprimindo-se opiniões, emoções e atitudes contrárias ao sistema vigente.

A Lei de Segurança Nacional hoje em vigor, editada em 1.983, guarda graves resquícios autoritários, bastando lembrar que os arts. 16 e 17 admitem ser a lei apropriada para tutela do regime excepcional vigente.

Em uma democracia, a crítica ao presidente não se inclui como lesão ao Estado de Direito, pois não abala a estrutura do sistema democrático, inserindo-se no campo da liberdade de expressão como questão de interesse público. Essa teleologia não corresponde à postura do ministro da justiça ao representar para enquadramento de crítica como crime contra a Segurança Nacional ou crime comum.

Hélio Schwartsman, em artigo na Folha de São Paulo ("Por que torço para que Bolsonaro morra"), pondera que o presidente, em seu negacionismo, prejudicava a vida de muitos, argumentando que, sob a ótica do consequencialismo, o sacrifício de indivíduo pode ser válido, se dele advier um bem maior. O ministro da justiça viu nesse texto, cujo título é de mau gosto, crime contra a segurança nacional, onde há mera avaliação crítica, longe de causar qualquer abalo à estrutura democrática.

Foi, aliás, nesse sentido a decisão do Min. Mussi do STJ ao apreciar habeas corpus: "não é possível verificar, em análise preliminar, que tenha havido motivação política ou lesão real ou potencial aos bens protegidos pela Lei de Segurança Nacional, capaz de justificar o eventual enquadramento de Schwartsman".

Sem aprender a lição, o ministro de justiça requisitou inquérito contra o advogado Marcelo Feller em vista de opinião exarada em debate na televisão sobre a frase do Min. Gilmar Mendes de estar o Exército se associando, na pandemia, a um genocídio. Para o advogado, "o discurso e a postura do presidente da República são diretamente responsáveis por pelo menos 10% dos casos de Covid no Brasil". É, alias, o entendimento de muitos infectologistas.

O Procurador Federal, João Gabriel Morais de Queiroz, solicitou arquivamento do inquérito com judiciosas considerações: "a lei de segurança não pode ser empregada para constranger ou perseguir pessoa que se oponha licitamente externando opiniões desfavoráveis ao governo... a lei de segurança nacional, como instrumento de defesa do estado, deve ser reservada para casos extremos(...)". A Justiça Federal arquivou o inquérito.

Mas, o incansável ministro de justiça requisitou inquérito policial agora pelo crime de induzimento ao suicídio contra os jornalistas Ruy Castro e Noblat, que replicara o artigo de Ruy, no qual se aventava ser o suicídio a forma de o presidente Trump entrar para a história como herói, tal como Getúlio Vargas, argumentando que "se Trump optar pelo suicídio, Bolsonaro deveria imitá-lo".

O ministro viu nesta frase "desrespeito à pessoa humana, à nação e ao povo de ambos os países" e mais: um crime de induzimento ao suicídio, que vem a ser criar na mente da vítima a vontade firme de se aniquilar, atuando no plano psíquico com potencialidade para a levar ao suicídio.

A requisição de inquérito por crime de induzimento ao suicídio, em vista de ideias jocosas em artigo de jornal, seria apenas um ridículo atroz se não consistisse em abuso de poder do ministro da justiça, por perseguir criminalmente críticos do governo com tipificação penal forçada de fato absolutamente anódino.

Até quando?

PRESIDENTE DE CEMITÉRIO

Em qual momento parcela considerável da população, que ainda acorre às aglomerações ilícitas provocadas pelo presidente, se vai dar conta de estar, em crença fanática, a louvar um perverso para quem o medo da morte por asfixia é um "mimimi"? Até quando o Brasil será conduzido pelo 4º. cavaleiro do apocalipse?

Bolsonaro não é presidente para administrar o país, mas tão só para se reeleger em 2.022, seu único interesse, mesmo que venha ser apenas presidente do cemitério. Jamais assumiu a liderança do enfrentamento da covid 19, preocupado só em atribuir a crise econômica e a perda de empregos a governadores e prefeitos, para se livrar dessa responsabilidade e angariar votos.

Bolsonaro, absolutamente indiferente em face do crescente número de mortos, muitos sem oxigênio ou nos corredores por falta de leitos em UTIs, passeia pelo país sem máscara, promovendo aglomerações, nunca se compungindo diante da dor ou visitando algum hospital. Somente mandou sequazes invadir hospitais para flagrar ser mentira sua superlotação!!

Continuamente conspirou contra a importância da vacina, cuja pressa em se obter ridicularizou, proclamando mentirosamente haver efeitos colaterais nocivos, desorientando a população.

Os obstáculos ao combate ao vírus não se limitaram aos maus exemplos. Deixou de adquirir, em julho, vacinas Coronavac e da Pfizer, impôs vetos de verbas e ignorou a cooperação com Estados e Municípios na precaução e reação contra a doença, como ressalta estudo realizado pela Universidade de São Paulo, por meio do Centro de Pesquisas e Estudos de Direito Sanitário (CEPEDISA) da Faculdade de Saúde Pública, em conjunto com a Conectas, Direitos Humanos (*Direitos na Pandemia – Mapeamento e Análise das Normas Jurídicas de Resposta à Covid-19 no Brasil- https://www.conectas.org/publicacoes/download/boletim-direitos-na-pandemia-no-3)*.

Este estudo revelou a existência de uma "estratégia institucional de propagação do vírus", entendendo ser "razoável afirmar que muitas pessoas teriam hoje suas mães, pais, irmãos e filhos vivos caso não houvesse esse projeto institucional". Conclui-se, então, não haver tão só incompetência e negligência, mas "empenho em prol da ampla disseminação do vírus no território nacional, declaradamente com o objetivo de retomar a atividade econômica o mais rápido possível e a qualquer custo".

A comprovar tal conclusão, verifica-se que, de 24 bilhões disponíveis no orçamento para compra de vacinas, apenas 2 bilhões foram gastos em 2.020 (Folha de S. Paulo de 1º de março, p. A13). Tão grave quanto, foi o corte de financiamento aos Estados de leitos de UTI para atendimento de pacientes com covid 19, que o STF acaba de mandar seja realizado (Estado de S. Paulo, 1. de março, p. A12)

Ao colocar a ambição política acima da proteção à saúde de seu povo, Bolsonaro revela egocentrismo incompatível com a permanência como primeiro mandatário, pois brasileiros foram lançados, por sua insensibilidade, na tragédia que a OMS reconhece estar instalada entre nós.

Quatro ex-ministros da Saúde clamam por um governo de salvação nacional ou pela criação de um gabinete de crise que dirija e coordene o enfrentamento da pandemia, sob o risco de afundarmos definitivamente na desgraça. Como fazer?

Há meio breve, justo e correto, já aventado antes por vários juristas. Ao Ministério Público, que tem por missão a defesa da ordem jurídica, do regime democrático e dos direitos sociais, dentre eles o da saúde, cumpre promover, em face destes fatos, a ação penal por crimes contra a saúde pública e contra a paz pública, o primeiro previsto no art. 268 do Código Penal: "Infringir determinação do poder público, destinada a impedir introdução ou propagação de doença contagiosa".

Ademais, ao estimular a população a se aglomerar, a não usar máscara e a não se vacinar, o presidente incita a população a praticar o crime acima mencionado, configurando-se, então, o delito do art. 286 do Código Penal: "Incitar, publicamente, a prática de crime", ou seja, compele a se infringir determinação do poder público destinada a impedir a propagação de doença contagiosa.

Há, evidentemente, dois desafios: (i) fazer o Procurador Aras sair de seu imobilismo, sendo essencial a pressão da sociedade e de colegas procuradores; (ii) a Câmara dos Deputados, ciente da gravidade do momento, aceitar a denúncia, afastando o presidente, para o vice, em governo de união nacional, atuar em prol da salvação de nossa gente.

Outra forma seria a assunção da condução da área da Saúde pelo Congresso Nacional, via CPI ou promovendo-se o impeachment do ministro (art. 14 da Lei n. 1079/50), cabendo ao novo titular da pasta atuar em conjugação com secretários da saúde dos Estados.

A sociedade civil organizada, hoje silente, deve se manifestar por via de suas inúmeras entidades, exigindo que Ministério Público (competente sim para processar o presidente, como o fez contra Temer), Câmara dos Deputados e Senado cumpram o dever de salvar o país. Mexa-se Brasil!

APRENDIZ DE FEITICEIRO

Entre os motivos pelos quais alertava para não se votar em Bolsonaro, ressaltava, nesta página de outubro de 2.018, ser o candidato pessoa que não tivera ao longo da vida relações sociais ou políticas, sendo um outsider, sem densidade e compreensão da pluralidade própria do nosso mundo, para quem o Brasil, na sua complexidade, era visto, no entanto, como um quartel.

No quartel não há dissidentes ou debate livre entre membros de escalões diferentes, pois, conforme ensina o Manual de Campanha -Ordem Unida do Exército, 4ª. ed. 2.019, as principais características de uma instituição militar são a disciplina e a coesão, entendida a disciplina como o predomínio da ordem e da obediência, sendo esta pronta, espontânea e entusiástica.

Bolsonaro, formatado na ordem unida, transformou o Ministério da Saúde em um quartel, com ministro general e secretário executivo coronel, imperando o que haviam aprendido na caserna: disciplina, ou seja, um manda e o outro obedece às ordens superiores, com submissão cega às determinações do presidente Bolsonaro. Conclusão: nem no prédio do ministério usavam-se máscaras.

Enquanto o presidente brincava de "marcha soldado", centena de milhares de brasileiros morriam. Mas quando chegou a três centenas de milhar, as elites políticas e econômicas resolveram dar um basta à brincadeira.

O repertório de encenações do pretenso mito está a se esgotar. Deu, então, uma cambalhota no palco presidencial para reafirmar sua autoridade. Tosco no plano político, sem traquejo na montagem de negociação, que presume ter-se fim preciso a ser alcançado e meios a serem negociados para se chegar à meta, Bolsonaro imaginou que, abandonando seus correligionários originais e unindo-se ao Centrão, estava garantido no poder para o que desse e viesse.

Como o aprendiz de feiticeiro, Bolsonaro desencadeou forças sobre as quais pensou ter controle, mas que o dominam. Como só conhece as regras da ordem unida e não a arte da mudança de rumos e da aceitação de uma pluralidade de soluções, imaginou que teria à frente da Câmara e no Senado, em razão de seu apoio, dois outros Pazuellos.

Bolsonaro é presidente, mas sente que não mais governa, só administra crises e corre atrás do prejuízo. Diante do desastre sanitário gigantesco, o Centrão resolveu intervir no governo. Forçado pelos dirigentes das Casas do Congresso, Bolsonaro demitiu o ministro da saúde, mas não seguiu a orientação de nomear médica de São Paulo, para desgosto em especial de Arthur Lira, que chegou a dizer serem os remédios do Parlamento amargos, podendo mesmo ser fatais.

Bolsonaro, em vista dessa pressão decorrente do número de mortos e do desespero da situação hospitalar, resolveu convocar os chefes dos poderes para possível pacto, deixando, contudo, de convidar governadores, prefeitos e secretários da saúde, contra os quais se voltou em posterior reunião do Comitê, para os culpar pelo desemprego decorrente das sabidamente necessárias medidas restritivas. O presidente do Senado, ao contrário, reuniu-se com governadores, deles recebendo várias sugestões.

Há evidente parlamentarismo branco. Os presidentes da Câmara e do Senado impuseram a saída do ministro das Relações Exteriores, Ernesto Araújo, cuja gestão fora desastrosa para o Itamaraty. Araújo pediu demissão, apesar de já demitido por Rodrigo Pacheco e Arthur Lira.

Tendo se feito de surdos-mudos em meio à tormenta, na resistência, própria das vítimas de estelionato, de não se reconhecerem enganadas, como o foram por Bolsonaro, os agentes econômicos (Fiesp e Febraban) finalmente resolveram se juntar aos presidentes da Câmara e do Senado e tomar posição em face do presidente. Formou-se, então, um conjunto consistente de pressão sobre o governo.

Em reação, o presidente demitiu o Ministro da Defesa, que preservara as Forças Armadas como instituição de Estado, merecendo por isso o apoio dos comandantes das três armas. No campo militar e nos ministérios da área jurídica, Bolsonaro tenta criar nichos de obediência, com ministros próximos à família, serviçais como Pazzuelo, a lhe permitir até mesmo o devaneio do estado de sítio e a se afirmar como presidente.

A esquizofrenia se faz presente no governo: de um lado caudatário do Centrão, entrega a Secretaria de Governo para inexpressiva deputada gerenciar emendas e cargos; de outro, temeroso da ingerência do Centrão, reforça com amigos a linha repressiva: delegado ligado à bancada da bala no ministério da justiça; o disciplinado André Mendonça na AGU e Braga Netto na Defesa. Com tal time e a possível mobilização de polícias militares pelo governo federal concretiza-se o risco de caminho antidemocrático.

Pouca preocupação há em se dotar o governo de capacidade gerencial frente à pandemia e à crise econômica que se avizinha: o que se quer é poder. E assim, o aprendiz de feiticeiro tenta novos contorcionismos visando a sobrenadar no mar dos seus desatinos. Mas mais poder para quê? Para confrontos e mobilização nacional com o "seu" exército? Não haverá!

QUEM FALA PELO BRASIL

Tem sido crescente o papel internacional dos entes da federação no campo internacional. A iniciativa é oriunda do governo Pedro Simon no Rio Grande do Sul em 1.987, (http://contextointernacional.iri.puc-rio.br/media/Salomon_vol29n1) - seguido pelo do Rio de Janeiro, no mesmo ano.

A inserção no campo externo também coube a municípios, a principiar pelo de Porto Alegre. Sob a denominação de paradiplomacia, os entes subnacionais, em face da globalização, passaram a promover parcerias no exterior, criando secretarias de relacionamento internacional. A atividade passou a ser acompanhada a partir de meados dos anos 90 pelo Itamaraty, por via da Subchefia de Assuntos Federativos.

Como assinalam Marcovitch e Dallari (Relações Internacionais de Âmbito Subnacional: A Experiência de Estados e Municípios no Brasil- IRI-USP) todos as unidades da federação possuem órgãos encarregados de promover atividades internacionais, até mesmo com escritórios no exterior.

Celso Lafer, ex-ministro das Relações Exteriores, destaca que a cooperação internacional entre entes subnacionais e outros países pode-se dar, como ação subsidiária, na captação de recursos; na promoção comercial e de turismo; no favorecimento de investimento e parcerias público-privadas e de cunho cultural (Diplomacia subnacional no Brasil – desafios do seu enquadramento jurídico), constituindo-se, assim, uma "diplomacia federativa".

Mas, o que ocorre agora é fenômeno diverso. Não se trata de atuação isolada de ente da federação agindo em seu nome, em favor de interesse próprio, mas sim de ação conjunta dos Estados da Federação, que atuam solidariamente em favor do país, em nome do Brasil, vista a ausência do poder central em temas de absoluta prioridade na pauta interna e externa: combate à pandemia e proteção ao meio ambiente.

Decreta-se a destituição do governo central no plano internacional, dada sua omissão grave e falta de legitimidade em razão de atitudes negacionistas. Governadores de 23 Estados, representantes de 90% da população brasileira, tomam a iniciativa de clamar por ajuda no campo sanitário em prol do país, além de assumirem responsabilidades, com compromissos definidos, no âmbito da promoção concreta da recuperação e preservação do meio ambiente.

Bolsonaro perdeu respeitabilidade em razão da contínua omissão frente às desgraças evidentes que nos assolam. Não mais representa a nação na órbita mundial, papel esse assumido pelos governadores. Estes, na esfera interna são, ainda por cima, ameaçados com uso do exército por tomarem benéficas medidas sanitárias.

No mês de abril houve duas relevantes manifestações de governadores a entidades internacionais e a governo estrangeiro.

Em carta à ONU e à OMS, os governadores, na qualidade de líderes subnacionais de Estado-membro fundador da ONU, e ciosos do princípio da solidariedade, pedem ao mundo que se sensibilize com o atual estágio da crise sanitária que acomete o país". Para tanto, fazem cinco pedidos: (i)ajuda humanitária para obter mais imunizantes; (ii) negociação entre Brasil e China para antecipar entrega de insumo farmacêutico; (iii) entrega das doses previstas pelo consórcio Covax Facility; (iv) auxílio para obter insumos para a Fiocruz, no âmbito do contrato com a AstraZeneca; e (v) mediação junto aos EUA para obter vacinas que não serão aplicadas imediatamente.

Com o dramatismo que a mortandade exige, solicitam, para "assegurar a capacidade de atendimento dos hospitais da rede de saúde nacional, o auxílio para a obtenção de insumos hospitalares, a exemplo de oxigênio(...)".

No âmbito da proteção ambiental, na semana da reunião sobre o clima promovida pelo presidente Biden, os governadores lhe enviam missiva, propondo a cooperação entre os Estados Unidos e os governos estaduais brasileiros". A cooperação visa *à redução dos gases de efeito estufa, à promoção de energias renováveis, ao combate ao desmatamento, e à conservação das florestas".*

Dizem que seus Estados podem contribuir com a captura de emissões globais e possuem fundos e mecanismos para responder à emergência climática, garantindo resultados para *a proteção de biomas nativos e a restauração de áreas degradadas.*

Por fim, demonstrando junção em torno de objetivo maior, acentuam: "A coalizão Governadores Pelo Clima", ampla e diversa, envolvendo progressistas, moderados e conservadores, de situação e de oposição, sinaliza o desejo do Brasil por união e construção colaborativa de soluções em defesa da humanidade".

Os governadores passaram a falar pelo país, diante da imagem negativa do Brasil, a se ver pelo manifesto de duzentos cientistas de todos os países: *"nos preocupamos com o agravamento da crise sanitária no Brasil, com os ataques à ciência e nós, acadêmico(a)s de todo o mundo, demonstramos nossa solidariedade com os/as colegas no Brasil".*

Nem Bolsonaro, nem o super ministro Guedes, com suas "frases infelizes", são levados a sério. Com a palavra os Governadores: Falem em uma só voz pelo Brasil, para que sejamos ouvidos.

VOTO SEM CABRESTO

Por via da Emenda Constitucional 135/19, pretende-se impor o voto impresso, pois as leis que introduziam tal sistema foram consideradas inconstitucionais por violação do sigilo do voto, intocável alicerce da democracia, como consta do art. 60 § 4º, II, da Constituição.

Ledo engano da proponente da emenda, a deputada de extrema direita, Bia Kicis, pois não é por ser emenda à constituição, e não lei, que deixa de poder ser considerada inconstitucional se extrapola o limite material fixado nas cláusulas pétreas. Já decidiu o Supremo Tribunal Federal que *emenda constitucional, emanada, portanto, de constituinte derivado, incidindo em violação à constituição originária, pode ser declarada inconstitucional, pelo STF, cuja função precípua é de guarda da constituição (Adins 939-7DF; 926-5DF; 466 DF).*

Atribui-se ao TSE má fé ao defender sistema eletrônico destituído de segurança e rejeitar o voto impresso. Não é verdade. O TSE até colaborou, sendo Jobim presidente, na elaboração da lei n. 10.048/02, por isso denominada lei Jobim, que introduziu o voto impresso, a ser adotado nas eleições de 2.004.

Em 2.002, o TSE, em vista de futura implantação do voto impresso, adotou, para teste, esse sistema em 150 municípios com 19.373 sessões eleitorais, correspondendo a 7.128.233 eleitores, ou seja a 6,18% do eleitorado.

Os problemas surgidos foram imensos: a) o tamanho das filas; (b o número de votos nulos e brancos; (c) o percentual de urnas com votação por cédula; (d) o quanto de urnas que apresentaram defeito, além das falhas na impressora. O TSE e os

TREs, com vantagens inquestionáveis sobre o voto impresso, propuseram o registro eletrônico do voto (cédula eletrônica), que espelha a composição do voto do eleitor, sem identificá-lo.

Assim, editou-se a Lei n. 10.740/03, que revogou a exigência do voto impresso e implantou o registro digital do voto, resguardado o anonimato do eleitor. Criou-se também comissão para acompanhamento de todo o procedimento de testagem e verificação das urnas, com técnicos indicados pelos partidos, a OAB e o Ministério Público.

Mas, em 2.009 voltou-se a legislar para adoção do voto impresso, por via da Lei n. 12.034, julgada inconstitucional pela Min. Carmem Lúcia na ADIn n. 4.543, em abril de 2013. Nesta decisão, pontuava a Ministra: O segredo do voto foi conquista impossível de retroação e a impressão do voto fere exatamente o direito inexpugnável ao segredo. A impressão do voto é prova do seu ato. Se o ato é próprio e inexpugnável, qual a sua necessidade? Se não há de prestar contas (porque é ato personalíssimo), para que o papel?

No voto, a Min. Carmem Lúcia recorreu ao princípio da proibição do retrocesso político, que impede suprimir-se o direito ao voto com garantia de segredo e invulnerabilidade, para se retroceder a modelo superado.

Foi próprio da República Velha a cédula a descoberto, para controle dos coronéis sobre o eleitor, obediente servidor a prestar contas mediante o voto de cabresto, passível de se reinstalar com o voto impresso.

Diante de nova declaração de inconstitucionalidade da lei de 2.009, houve mais outra tentativa de introdução do voto impresso pela Lei nº 13.165/2015, cuja eficácia foi cassada na ADIn 5889, por liminar de junho de 2018.

A liminar foi confirmada em julgamento de 2.020. Segundo a decisão, a impressão do voto pode gerar falhas inocorrentes no voto exclusivamente eletrônico e ameaça a livre opção do eleitor em face de potencial identificação de quem escolheu quais candidatos.

Neste julgamento, o Min. Luís Roberto Barroso, além de ressaltar jamais ter havido qualquer prova de fraude no sistema eletrônico, destacou a existência de mecanismos que garantem a confiabilidade das urnas eletrônicas: (i) a transparência no desenvolvimento dos programas, (ii) a realização de testes regulares; (iii) o procedimento de votação paralela; e (iv) a entrega de cópia dos dados processados aos partidos políticos. E alerta para a judicialização da eleição, com candidatos a solicitar recontagem pelos votos impressos, com risco de violação do sigilo.

Para verificação dessa confiabilidade, realizou-se Confirmação do Teste Público de Segurança (TPS) 2019 do Sistema Eletrônico, constatando-se a segurança e a plena credibilidade da urna eletrônica.

Se, com bem diz a deputada Margarete Coelho, urnas eletrônicas garantem segurança e sigilo e o voto impresso apenas segurança (blog Fausto Macedo-25.05), é forçoso concluir ser impossível adotar o meio termo do voto impresso em algumas urnas, pois é inconstitucional o risco ao sigilo do voto em qualquer percentual.

Mas, por que da insistência no voto impresso? A ameaça de Bolsonaro, de não haver eleições sem tal sistema, revela a intenção de deslegitimar o pleito futuro no qual pode ser derrotado.

Assim, a campanha do TSE de informar a garantia do voto secreto e a lisura das eleições por meio do sistema eletrônico deve merecer integral apoio em defesa da democracia.

TERCEIRA VIA

Em setembro de 2.018, instado por grupo de jovens, participei da tentativa de promover reunião de cinco candidatos à presidência da República com vistas a, informalmente, constituírem fusão em torno de programa e liderada por quem escolhessem como candidato único das forças de centro (esquerda e direita).

Chegou a se realizar profícua conversa prévia com assessores dos candidatos, no dia anterior ao encontro a ocorrer no Instituto dos Advogados de São Paulo, a ser mediado pelo presidente do Instituto, o dinâmico José Horácio Halfeld Ribeiro. Nessa conversa virtual com assessores, por sugestão nossa, fixou-se que a discussão seria sobre pontos básicos de proposta de governo a ser integrado por todos como ministros. Fariam parte do encontro: Álvaro Dias, Amoêdo, Geraldo Alckmin, Henrique Meirelles e Marina.

Após animadora conversa com a assessoria dos candidatos, todavia, Amoêdo foi o primeiro a sair. Na noite anterior ao encontro, Marina avisou que não iria comparecer. Essa desistência levou Henrique Meirelles a também a não participar. Alckmin achou não ser produtivo um encontro apenas entre ele e Álvaro Dias, que manteve o interesse até o fim.

Não se pode voltar à sinuca de bico de ter de optar entre Bolsonaro, PT ou nulo. E mesmo se Bolsonaro liquefazer, uma via de centro democrático é essencial para enfrentar Lula e garantir governabilidade.

Se o governo do PT teve pontos positivos, no entanto, não se pode esquecer o imenso aparelhamento do estado e a instituição de corrupção sistêmica, que as falhas graves de Moro e de procuradores não desfazem. O PT traiu os princípios que regiam o partido, por mim alcunhado, desde que Weffort era secretário geral, de UDN de macacão, por sua pregação da ética na política. Nem é olvidável a pior recessão já vivida pelo país no governo Dilma.

Cumpre deixar de ter a atenção voltada só para nomes, em busca de pessoa salvadora, pois os carismáticos Jânio, Collor, Bolsonaro e mesmo Lula indicam o erro da crença em "mitos".

O raciocínio é simples: de que vale ser candidato derrotado? O desejo de ocupar a presidência da República precisa ceder ante a evidência das dificuldades eleitorais na fragmentação do campo do centro democrático, agindo-se com o bom senso que não se teve em 2.018. De outra parte, é certo que a reunião de muitos, em torno de um projeto único, terá impacto extraordinário.

A conjunção de forças políticas e da sociedade civil, a ser chamada a participar, deve estar acima dos interesses pessoais e partidários, para se cimentar união em vista de um programa mínimo. Os pretensos candidatos devem vir a ser partícipes de governo de aliança nacional, no qual o compromisso de luta conjunta precede a assunção ao poder. A conversa havida dia 16 último, com a presença de presidentes de sete partidos (DEM, PSDB, MDB, PV, Cidadania, Podemos, Solidariedade) é alvissareira, bem como a posição comum contra o voto impresso. Outras siglas podem aderir, como Rede, PSB, PDT e PSD.

Assim, cumpre, desde já, firmar carta de intenções a respeito de programa de governo em pontos essenciais, com especificação da forma de execução da proposta, para não se permanecer no campo das declarações grandiloquentes e genéricas. Seria o caso de se ter na prática um "presidencialismo congressual", com a existência de ministro coordenador, que irá gerenciar a execução do plano de governo com comparecimento a cada dois meses ao Congresso para discutir e expor as ações governamentais.

Os temas da educação, saúde, segurança pública, redução da desigualdade com inclusão social e crescimento econômico, avanço científico e tecnológico, meio ambiente, custo Brasil em face de tantos entraves, são, por exemplo, questões a serem objeto de discussão e de definição conjunta, e levadas ao país como bandeira. Apresenta-se, então, não um nome, mas um projeto de governo ao qual as lideranças aderem e se comprometem a dar apoio parlamentar. Cabe ser um governo de ministério, que gire em volta da proposta e não em função de um salvador.

Estamos exaustos da pirotecnia e das bravatas irresponsáveis do clã Bolsonaro, bem como desconfiados do "faz de conta" do PT a se fantasiar de inocente, sem jamais ter feito qualquer autocrítica. Chega de teatro: o Brasil precisa de bom senso e comedimento, em busca da segurança que a previsibilidade outorga.

O instante requer a generosidade de se limitar as ambições pessoais, para preservar a democracia do populismo tão vazio como envolvente e atender à ansiedade da maioria silenciosa, sôfrega de estabilidade e seriedade. Cada liderança, ao abrir mão do personalismo próprio do frágil presidencialismo imperial, contribuirá para construção do pressuposto essencial da democracia: a confiança nas instituições.

Mais à frente escolhe-se o nome do candidato que, em face do programa, apresente melhores condições de composição e de catalisação das forças diversas. Não é fácil, pelo contrário, mas a tragédia do momento empurra para uma saída de grandeza.

PREVENINDO O GOLPE

O presidente do Supremo Tribunal Federal sentiu-se no dever de prelecionar sobre o que é democracia diante das reiteradas diatribes antidemocráticas de Bolsonaro. Mas, de seu discurso, importante é destacar o recado dado ao presidente de que o povo brasileiro jamais aceitaria ser qualquer crise solucionada mediante mecanismos fora dos limites da Constituição.

Bolsonaro, desgastado com a recusa de assumir o comando da Nação no combate à Covid 19, que deixa o rastro de mais de 550 mil mortos, abriu três frentes na busca de permanecer no poder: entrega o governo ao PP, para evitar o impeachment; busca financiar novo bolsa família para, via assistencialismo, comprar popularidade junto à população pobre; alimenta sua base fanática com a narrativa do voto impresso para contestar a derrota eleitoral, impondo-se presidente contra uma "eleição perdida pela fraude".

Os três caminhos trazem riscos consideráveis ao país. O PP, Partido Progressista, é a antiga Arena, depois PDS e origem de tramoias conhecidas com o PT a começar na Petrobrás, bastando lembrar a sempre emblemática figura de José Janene (PP-PR), réu no processo do mensalão morto em 2010, a quem se atribuiu a organização da corrupção na estatal, fazendo com que as cúpulas das siglas envolvidas fossem beneficiadas diretamente. Conforme noticia o jornal Gazeta do Povo (www.gazetadopovo.com.br/vida-publica/janene-e-apontado-como-mentor-de-esquema-de-corrupcao-na-petrobras-eguel8pxx-4qp4g4qf0w7sxidq/) "Janene transformou a corrupção no varejo em esquema de organização partidária".

O presidente justifica ter dado a chave do governo ao PP pois ele mesmo vem de lá, partido do qual por muito tempo fora membro. Como se vê, apresenta ficha de vida pregressa contrária à sua proposta moralizante: "sempre fui centrão".

A outra vertente não passa de tentativa de compra de popularidade, explorando a miséria que seu governo aumentou no país, para cooptar apoio mediante a dádiva de R$ 400,00 por mês como novo Bolsa Família em assistencialismo que nada consolida no plano econômico, a não ser um calote no pagamento de precatórios, "pago assim que puder", driblando o teto de gastos, com riscos ao ajuste fiscal.

O terceiro caminho consiste na narrativa que vem construindo de haver uma trama urdida para se eleger o Lula por meio de fraude, sem voto auditável, sendo agente desta tramoia o Supremo Tribunal Federal, o Tribunal Superior Eleitoral e agora fulanizando o ataque na pessoa do Ministro Luís Roberto Barroso, a quem chama de imbecil, arrogante, defensor do Battisti.

Em tanto ridícula como irresponsável "live" o presidente acusou, reconhecendo não ter provas, haver fraude nas urnas eletrônicas, chegando a se valer do auxílio de astrólogo que faz acupuntura em árvores.

Não bastou todos os ex-presidentes do Tribunal Superior Eleitoral firmarem declaração assegurando haver tanto ontem como hoje segurança, transparência e auditabilidade do sistema.

Não bastou o Ministro Luis Roberto Barroso dizer que ameaçar a realização de eleições é uma "conduta antidemocrática" e solicitar ao Supremo Tribunal Federal que averigue se o presidente comete crime ao divulgar notícias falsas relativas ao processo eleitoral.

Não bastou o Ministro Luis Felipe Salomão, corregedor geral do TSE, instaurar Inquérito para apurar se houve abuso do poder econômico e político, uso indevido dos meios de comunicação social, corrupção, fraude, condutas vedadas a agentes públicos e propaganda extemporânea, relativamente aos ataques contra o sistema eletrônico de votação e à legitimidade das Eleições 2022 por parte de Bolsonaro.

Depois de todos estes revezes e alertas o presidente voltou à carga em ataque frontal às urnas eletrônicas e ao Ministro Luís Roberto Barroso e no cercadinho, na terça dia 3/8, disse:

"Por que, senhor Barroso, essa vontade enorme de dizer que você está certo? Você vale mais que milhões de pessoas que se manifestam por um sistema eleitoral limpo, democrático? Por que ele quer que essa sombra de dúvidas permaneça entre nós? O que ele teme? Está a serviço de quem?"

Nada segura o presidente em sua campanha contra a urna eletrônica, repetindo como mantra que eleição sem voto impresso é golpe. Diz isto mesmo sabendo que não será aprovado o voto impresso.

Bolsonaro desde o primeiro dia de mandato não pensou senão em reeleição e em poder indicar como sucessor, terminado o segundo mandato, um dos filhos, o Bolsonaro II. Assim, lhe é desesperadora a probabilidade de sequer ir para o segundo turno em 2.022 dada a crescente rejeição. A farsa do voto impresso é o que resta para negar legitimidade da eleição perdida e zerar o jogo democrático. Um modo de superar a derrota é não a aceitar, denunciando-a com fruto de fraude, como tentou Trump.

Em reação, dando realidade à fala do presidente do STF, cabe à sociedade civil por diversos setores e importantes figuras se antecipar e sair a campo em defesa da legitimidade do processo eleitoral, desfazendo a empulhação do voto impresso para impedir o golpe.

ESTABILIDADE E TERCEIRA VIA

No início do mês passado foi publicado manifesto assinado por figuras importantes de nossa sociedade como intelectuais, economistas, empresários, banqueiros, líderes religiosos. Deste documento destaco: "A sociedade brasileira é garantidora da Constituição e não aceitará aventuras autoritárias".

Em meados de agosto, o Presidente da República enviou ao Senado Federal pedido de impeachment do ministro Alexandre de Moraes do Supremo Tribunal Federal. Em documento enviado ao presidente do Senado Federal por ex-ministros da Justiça e da Defesa, propunha-se o arquivamento imediato do pedido como "caminho que evite constrangimento indevido e conduza ao apaziguamento dos ânimos e à reafirmação do respeito e da confiança no Poder Judiciário e no Estado de Direito".

A Federação dos Bancos (Febraban), com apoio de 300 entidades, organizou manifesto a ser publicado pela Federação da Indústrias de São Paulo, que na última hora, constrangedoramente, recuou de o dar a público. Mas a Febraban e as demais entidades reafirmam esse texto em nada agressivo ao governo, pois sua tônica é de defesa da democracia, como se pode ver no seguinte parágrafo:

"As entidades da sociedade civil que assinam este manifesto veem com grande preocupação a escalada de tensões e hostilidades entre as autoridades públicas. O momento exige de todos serenidade, diálogo, pacificação política, estabilidade institucional".

Setor fundamental da economia brasileira, que tem mantido as exportações e o crescimento do PIB nacional, o Agronegócio, por via de seis entidades, a começar pela Associação Brasileira do Agronegócio (ABAG), em posição firme, ao contrário da pusilanimidade da FIESP, deu publicidade a documento incisivo acerca do instante movediço vivido no país. E enfatizou "sua preocupação com os atuais desafios à harmonia político-institucional e como consequência à estabilidade econômica e social em nosso país. As amplas cadeias produtivas que representamos precisam de estabilidade, segurança jurídica, harmonia para poder trabalhar".

A sociedade brasileira que assistia atônita às representações diárias de irracionalidade do senhor presidente, muitas vezes verbalizadas de forma chula, apercebeu-se dos riscos da criação artificial de confrontos promovidas pelo mandatário. Esses antagonismos deixaram de ser em face de partidos e de pessoas, e passaram a ser em vista de instituições da democracia, gerando um clima de grande insegurança.

Os agentes econômicos dos mais diversos setores expressam agora o sentimento principal que preside o nosso cotidiano: a sociedade brasileira está cansada de guerras inventadas que sinalizam a necessidade falsa da adoção de medidas totalitárias, pois se quer, antes de tudo, estabilidade.

Por isto, a tônica das manifestações está na extrema preocupação com a escalada de tensões e hostilidades entre as autoridades públicas, clamando-se pelo apaziguamento dos ânimos, o diálogo, a pacificação política.

A democracia deve defender a si mesma, para que a liberdade não seja usada para destruir a liberdade de todos. Em uma democracia militante defende-se não se incrementar conflitos, principalmente de modo artificial, confundindo-se maliciosamente a liberdade de expressão com a liberdade de agressão, como agora pretende Bolsonaro ao convocar para os atos de 7 de setembro.

Estes manifestos das forças econômicas proclamam: precisamos "de estabilidade, segurança jurídica, harmonia para poder trabalhar". Ao mesmo tempo, reafirmam seu compromisso com o Estado de Direito, afirmando: "a sociedade brasileira é garantidora da Constituição e não aceitará aventuras autoritárias". É demonstração veemente de estarmos em uma democracia militante, a tal ponto que a própria sociedade se apresenta como asseguradora da ordem constitucional.

Certamente não será a argumentação melíflua do presidente da Câmara dos Deputados aos ouvidos solícitos do presidente da Fiesp que irá desfazer a realidade tão bem desenhada no Manifesto da Febraban, ou seja: o risco contínuo de instabilidade com Bolsonaro no poder.

A intensa preocupação atual dos agentes econômicos e o pavor dos desempregados mostram como é temível a reeleição de Bolsonaro. Impõe-se, então, pensar com maior determinação em uma terceira via que responda a esses anseios de paz, de estabilidade e de visualização do futuro.

Os subscritores dos recentes manifestos em prol do Estado de Direito devem se colocar a campo para exigir que os presidenciáveis do centro, após a legítima apresentação de sua ambição a ocupar a Presidência, venham a encontrar, dentre eles, alguém que aglutine, reúna e constitua governo conjunto, mas em torno de um só nome, como se fez na eleição de 1.985, quando Ulysses e Montoro abdicaram da condição natural de candidatos em favor de Tancredo, o qual teria, mais que eles, condição para compor diversos setores políticos em seu favor.

Há tempo, mas cumpre a todos se debruçarem nesta tarefa de exigir dos presidenciáveis a criação de um só caminho do centro democrático, em prol do Brasil.

O "DIREITO" À MENTIRA

Bolsonaro, quinze dias atrás, na solenidade de entrega do Prêmio Marechal Rondon de Comunicações, verbalizou a maior de todas as mentiras ao dizer: "Fake news faz parte da nossa vida. Quem nunca contou uma mentirinha para a namorada?" E completou: "Não precisamos regular isso aí, deixemos o povo à vontade".

A pretensão de banalizar a mentira, normalizando a desinformação, constitui desonestidade intelectual, pois bem sabe que o falsear a verdade foi o principal expediente para a vitória eleitoral em 2.018. Por isso, visa a proteger o "direito" à inverdade, proibindo por Medida Provisória a exclusão de falsidades pelas próprias plataformas: "Não regula, deixa à vontade".

O peso da mentira na política é imenso: a publicação, em 1.905, do Protocolo dos Sábios do Sião, produzido por sequazes do czar, reunia pretensos relatórios de chefes judaicos para dominação do mundo pela via das finanças, do comércio, da comunicação. Deste forjado documento valeu-se Hitler para justificar perseguição ao povo hebraico que desaguou na solução final.

Entre nós, documento também forjado, o Plano Cohen, revelava estratégia de tomada do poder pela Internacional Comunista, a justificar a instalação da ditadura getuliana em 1.937, como medida necessária.

Hoje a rapidez e a dimensão da disseminação da mentira deformam o processo de escolha do eleitor, induzido em erro pelo disparo em massa de desinformações nas redes sociais, cujos conteúdos são assimilados sem filtro crítico, em um excesso de mensagens com escassez de reflexão.

Bolsonaro e família sabem do relevo eleitoral da viabilidade do "direito de mentir", bastando lembrar que Bolsonaro candidato, em entrevista ao Jornal Nacional, afirmou falsamente haver um "kit gay" sobre educação sexual disponível nas bibliotecas das escolas públicas, livreto intitulado "Aparelho sexual e cia". Acusou-se, nas redes, Haddad de distribuir mamadeiras com bico em formato de pênis. Espalhou-se foto montada da presença do agressor de Bolsonaro, Adélio Bispo, em comício de Lula.

A candidata a vice-presidente Manuela D'Ávila foi vítima de diversas mentiras, a começar por foto com camiseta estampando a frase: "Cristo era travesti". Atribuíram a Manuela a frase de John Lennon sobre os Beatles em 1966: "nós somos mais populares do que Jesus Cristo neste momento".

Avelar (Eles em nós: retórica e antagonismo político no Brasil do século XXI) lembra levantamento feito pela USP e pela UFMG indicativo de que apenas quatro das cinquenta imagens mais compartilhadas em 347 grupos bolsonaristas de WhatsApp eram verdadeiras. A CPMI das Fake News também fez pesquisa da influência da mentira no processo eleitoral, permitindo à relatora da CPMI, Lídice da Mata, declarar: "nossas investigações sempre apontaram para uma rede de desinformação que pode sim ter influenciado o pleito eleitoral de 2.018 e que continua atuante com fortes suspeitas de amplo apoio da família Bolsonaro".

Explica-se, então, a conduta de Bolsonaro ao vetar, no projeto de lei dos crimes contra o Estado de Direito Democrático, o art. 359-O do Código Penal, que criminalizava o disparo em massa, por via paralela à das plataformas, de notícias falsas, capazes de comprometer a fidedignidade da escolha do eleitor. O veto está para apreciação do Congresso Nacional, com expectativa de ser derrubado.

Ao tempo da imposição do veto a este artigo, Bolsonaro emitiu a Medida Provisória, reputada inconstitucional, que impedia as plataformas de retirarem da rede notícias sabidamente inverídicas que causam dano à comunidade.

Bolsonaro, derrotado na intenção de consagrar o direito à mentira nas redes por via de Medida Provisória, enviou na forma de projeto de lei a mesma proposta legislativa, sendo que a transparência na internet já é objeto do Projeto de Lei n. 2630, aprovado no Senado e em tramitação na Câmara dos Deputados, instituindo-se a moderação e Autorregulação Regulada, por via das próprias plataformas, o que já vem sendo praticado especialmente pelo Facebook, WhatsApp, Twitter.

O projeto de Código Eleitoral em seu art. 882 também prevê como figura penal: "divulgar ou compartilhar fatos que sabe inverídicos ou gravemente descontextualizados com aptidão para exercer influência perante o eleitorado". Será vetado também?

Dessa forma, o ataque de Bolsonaro ao TSE e ao STF, em especial a Alexandre de Moraes e a Barroso, encontra razão na ação das instituições da Justiça contra as contas que nas redes emanam notícias falsas, chegando-se a impedir a monetarização das mesmas.

O Estado de S. Paulo de domingo passado, em matéria de capa, denuncia que a família Bolsonaro e o escritório do ódio migram sua atuação de difusão de mentiras para as plataformas do Tik Tok e do Instagram, que não têm representação no Brasil e incipiente controle de conteúdo, ideais, portanto, para a "campanhas de mobilização e de desinformação", com publicações agressivas e de confronto.

Em suma, o dístico de Bolsonaro bem poderia ser: "conhecerás a mentira e ela me elegerá".

VERGONHA E ESPERANÇA

Foi uma sensação de reencontro provavelmente previsível, mas para mim inesperada diante da circunstância de estar vivendo imerso em águas turvas. Foi um reencontro com a civilização. Estive uma semana na Espanha. Em poucas horas vivenciei a satisfação de estar em ambiente no qual não havia sobressaltos, no qual não seria surpreendido por absurdos altissonantes. Não precisava ficar tensamente na defensiva, preocupado com ataque tosco a valores integrantes de nosso modo de ver e de viver, consolidados ao longo do tempo. As pessoas ao meu lado mostravam-se seguras da estabilidade das conquistas sobre a dignidade da pessoa humana.

Pude perceber, à distância, que a vida no Brasil me inseria em meio doentio contaminante a transformar todos em hóspedes de um hospício, no qual por mimetismo se adquirem os jeitos e trejeitos dos pacientes alienados.

Os espanhóis, admirados, indagavam como era possível um povo criativo e amante da liberdade como o nosso estar ainda a aguentar o obscurantismo do universo "bolsonariano", no qual a inteligência e a sensibilidade se desfazem. Estas indagações geraram tanto constrangimento como expectativa de que, com as energias ainda não totalmente enfraquecidas, será possível fazer prevalecer o país saudável, animado pelo impulso de prosperar no respeito à vida, à saúde, à liberdade de pensar e criar, com o talento que a diversidade própria do nosso povo proporciona.

Mas, ao voltar pude constatar a convivência destes dois sentimentos: vergonha e esperança.

A vergonha por nosso país ter sido naturalmente excluído do G20, especialmente em vista da presença de Bolsonaro que foi até ignorado pelos garçons que serviam aos maiores mandatários do mundo. O Brasil saiu do G20 pela porta dos fundos, tal como Bolsonaro fez para ganhar a rua ao escapulir escondido da embaixada brasileira na Piazza Navona.

Bolsonaro foi solitário à Fontana di Trevi e, para confirmar seu completo isolamento, deixou de estar ao lado dos demais mandatários na visita oficial do G20 à icônica fonte romana. Todos os chefes das nações jogaram moedas de costas formulando um desejo. Bolsonaro lá esteve e não fez votos ao bem de seu povo, deixando de jogar a moeda, demonstrando não ter a imaginação mínima necessária para participar deste jogo com o futuro. Foi ali, na Fontana di Trevi, inaugurado o G19.

A figura tosca do presidente do Brasil se fez tristemente palpável no paradigmático episódio com a chanceler Angela Merkel, da qual Bolsonaro inadvertidamente pisou o pé, ao que a líder da Alemanha exclamou: "só podia ser você"!

Mas, ao lado do sentimento de constrangimento, reconhecendo terem razão os chefes das nações em ignorar nosso presidente, surgiu nestes dias da COP-26, à qual injustificadamente Bolsonaro não foi, a visualização do Brasil saudável.

Este lado sadio, positivo e prospectivo colhe-se da participação dos chefes dos entes subnacionais, os Estados de nossa Federação, no encontro sobre clima; na ida de importantes empresários brasileiros a Glasgow para levar projetos de empreendimentos respeitantes da preservação do meio ambiente; e, por fim, na presença de nossa sociedade civil neste importante encontro para que o mundo tenha futuro.

Os governadores criaram, para participar da COP-26, o Consórcio Brasil Verde, coordenado pelo governador do Espírito Santo, Renato Casagrande, que lidera, em Glasgow, grupo de treze governadores. Em contraponto à triste conduta do governo federal, propõe-se de forma concreta ações preventivas para redução de emissão de poluentes e de preservação da Amazônia.

Os governadores - como ressaltou Eduardo Leite em palestra na universidade de Edimburgo, ao lado do professor brasileiro Cláudio Michelon, catedrático de Filosofia do Direito naquela universidade - tentam, na ausência do governo federal, coordenadamente agir na proteção do meio ambiente.

Em outra vertente o Brasil se faz presente por via da iniciativa privada, que apresentou projetos bem sucedidos de sustentação da biodiversidade. Os empresários brasileiros, em vista da imagem negativa do país, foram a Glasgow mostrar o compromisso com a defesa do meio ambiente de parcela considerável do PIB do Brasil, por meio do Movimento Coalizão Brasil Clima, Floresta e Agricultura, (http://www.coalizaobr.com.br/home/phocadownload/documentos/recomendacoes-para-a-cop-26-coalizao-brasil.pdf) e do Conselho Empresarial Brasileiro para o Desenvolvimento Sustentável (Cebds.org)que fizeram sugestões concretas para o bom uso da terra.

Por fim, o melhor do Brasil brasileiro se fez comovente na figura da moça indígena, Txai Suruí, do povo Paiter Suruí do Amazonas, que defendeu a participação dos povos indígenas na tomada de decisões sobre a Amazônia, para ao final alertar: "A Terra nos diz que não temos mais tempo. Não é 2.030 ou 2.050. É agora".

Sentimentos contraditórios dominam meu espírito: abatimento, mas crença na resiliência do brasileiro em enfrentar o obscurantismo. Se não é agora, será em 2.022 a volta à civilização e ao G20.

A ARITMÉTICA DE HITLER

Em 23 de março de 1.944 na Rua Rosella, em Roma, ocupada por tropas alemãs, 32 soldados nazistas foram mortos em atentado preparado pela resistência italiana. Por ordem de Hitler, para cada alemão morto deveriam ser fuzilados dez italianos. Assim, aleatoriamente, 335 romanos foram levados às Fossas Ardeatinas, ao sul da cidade, e lá executados.

Conforme o oficial responsável pelo massacre, Priebke, condenado anos depois, na Itália, à prisão perpétua, a ordem de Hitler consistia em "represália ao atentado organizado pela resistência".

O médico Attilio Ascarelli, autor da autópsia das vítimas do massacre, bem definiu: "foi a cruel satisfação dum brutal espírito de vingança".

A vingança, seja a calculadamente arquitetada, seja a de imediato aplicada, ao não ter proporção com o mal antes sofrido, visa apenas ao deleite do espírito perverso com a crueldade imposta.

Assim se deu com Hitler, assim se tem dado nas ações repetidas da polícia brasileira em operações-vingança, marcadas por malvadeza, acentuadas no governo Bolsonaro.

Essas operações-vingança atingem em geral pessoas pobres, negras e moradoras das favelas ou da periferia destituídas de cidadania, pois reputadas como "não sujeitos de direitos", passíveis, por consequência, de ter violada sua vida, sua integridade física e moral. Quem os ataca, com violência sanguinária, são soldados ou inspetores de origem também humilde, mas que pretendem ser alheios a essa categoria dos desprovidos de direitos, sobre os quais afirmam sua "autoridade e superioridade".

Fiquemos em exemplos deste ano: no dia 6 de maio, em operação da Polícia Civil, 200 policiais a pé, quatro blindados, com apoio de helicópteros, entraram na favela do Jacarezinho no Rio de Janeiro para cumprir 21 mandados de prisão. Logo no início deu-se o infausto homicídio de policial civil atingido por um tiro. A operação de cumprimento de mandado de prisão transformou-se em operação-vingança, resultando em 27 pessoas mortas.

Muitos, rendidos ou recolhidos em casa, foram executados a sangue frio. Atingiram-se aleatoriamente pessoas com ou sem antecedentes criminais (como se ter antecedente significasse a permissão para ser executada), sendo que, dos 27 mortos, apenas 3 constavam dos mandados de prisão. Cenas horripilantes foram protagonizadas. A comunidade ficou entregue à agressividade destruidora.

De forma irresponsável o presidente da República elogiou a operação e publicou nas redes este comentário: "ao tratar como vítimas traficantes que roubam, matam e destroem famílias, a mídia e a esquerda os igualam ao cidadão comum, honesto, que respeita as leis e o próximo". Na verdade, dos assassinados pela polícia poucos tinham relação com o tráfico.

Para reafirmar a prevalência do direito e em apoio ao Supremo Tribunal Federal, em 20 de maio seis ex-ministros da Justiça, dentre os quais eu, lançaram carta aberta: "como ex-ministros e cidadãos, estamos convencidos da necessidade de atuação do Supremo Tribunal Federal para garantir a força normativa da Constituição e limitar a ação estatal em segurança pública que não esteja pautada pelo respeito à vida e às ordens judiciais". No dia seguinte, o STF na ADPF 635, em voto do relator reafirmou a permissão para operação policial apenas em caso excepcional, com aviso prévio ao Ministério Público. Pouco adiantou!

Em 12 de junho de 2.021, na cidade de Tabatinga (1.106 km de Manaus), bairro da Baixada, houve troca de tiros: atirador e sargento da PM, à paisana, morreram. Policiais militares entraram no bairro em busca de cúmplices e mataram sete pessoas, sendo três jogadas no lixão. Durante a invasão do bairro, um PM disse a familiares das vítimas: "Agora é a lei do Bolsonaro, bandido bom é bandido morto" (www.folha.uol.com.br.29 jun.2021).

No mês passado, como represália à morte do soldado Leandro da Silva, assassinado em patrulhamento, policiais militares, desconfiando estar o assassino no Salgueiro, executaram aleatoriamente nove pessoas dessa comunidade, deixando os corpos no mangue. E o pior: instalado o terror, os policiais festejaram com churrasco e cerveja.

Em 2.017 o Brasil, por não se apurar o massacre na favela Nova Brasília, foi condenado pela Comissão Interamericana de Direitos Humanos. Nenhum efeito reeducativo: pouco se investigam massacres e muitos inquéritos são arquivados. A aritmética de Hitler continua impune.

O que resta fazer? Deve-se cobrar de governadores o ensino de direitos humanos na formação dos quadros das instituições policiais. A prevenção e repressão penal nada perdem, só ganham, se policiais respeitarem os direitos fundamentais: a polícia que se teme abre estrada para o crime organizado.

Medida eficaz está em ser o trabalho do policial monitorado por câmeras corporais, que revelam os fatos como eles são. De outra parte, entidades da sociedade podem promover a responsabilidade civil do Estado pela violação a preceitos fundamentais, visando, assim, a constranger o tesouro estadual.

Quanto a Bolsonaro, esse é um caso perdido.

2022

ALVISSAREIRA

É muito bom começar o ano lendo notícias boas. Então vamos a elas.

O Presidente da República reconduziu à presidência do INPE - Instituto Nacional de Pesquisas Espaciais - o professor que o presidira, demitido por não se aceitar as medições das queimadas na Amazônia apresentadas pelo Instituto. Foi esse ilustre físico homenageado pela prestigiosa revista Nature como um dos mais importantes cientistas do ano de 2.019, sendo este mais um motivo para sua recondução.

Por falar em meio ambiente, o Presidente da República restaurou no CONAMA - Conselho Nacional do Meio Ambiente - sua anterior constituição, desfeita pelo Decreto nº 9.806 de 28 de maio de 2.020, que estabelecera uma maioria de representantes do governo no Conselho, para agora garantir, como dantes, a presença equilibrada, na composição do órgão, da sociedade civil, do poder público e do setor econômico, restabelecendo-se a democracia participativa essencial ao nosso mundo plural.

Outra medida merecedora de nota está na reedição das Resoluções que haviam sido revogadas (Resoluções Conama nº 303/2002, nº 302/2002 e nº 284/2001), que garantiam a preservação de áreas de restinga e manguezais e de entornos de reservatórios d'água e que disciplinavam o licenciamento ambiental para projetos de irrigação. A manutenção dos criatórios estará assegurada.

Além do mais, houve a decisão de reforçar significativamente tanto as Brigadas Indígenas que previnem e combatem incêndios florestais nas Terras Indígenas, especializadas em enfrentar alto risco de fogo, como as Brigadas Federais contratadas pelo IBAMA para atuar não só na Amazônia, como também no Cerrado, Caatinga e Pantanal. Tal decorre da convicção, quase evidente, das consequências climáticas causadas pelas queimadas e pela destruição seja da floresta como das vegetações nativas de outros biomas. Soube-se que haverá ação conjunta de ministérios e governos estaduais na prevenção e repressão dura aos desmatamentos e incêndios, mormente na região amazônica.

Haverá por parte do Ministério da Justiça e da FUNAI ação conjunta com a entidade Articulação dos Povos Indígenas do Brasil, para agir em proteção das populações indígenas, em especial a Yanomani, em face de invasores que destroem a mata e poluem os rios com mercúrio ao minerar.

A Secretaria Nacional de Segurança Pública e o Ministério da Justiça realizam reunião com os secretários de segurança dos Estados para firmar convênio visando à adoção de câmeras pessoais por parte dos soldados e investigadores em suas ações policiais. Estará em pauta, também, a inclusão no currículo de formação da disciplina de direitos humanos, para que as ações preventivas e repressivas atendam aos interesses de proteção da incolumidade da sociedade sem abusos que comprometam a imagem da polícia. A repressão ao trabalho escravo, carente de pessoal, será reforçada.

O Ministério da Saúde e a Anvisa irão trabalhar em conjunto com as secretarias estaduais e municipais de saúde, buscando dinamizar a vacinação de crianças, bem como de terceira e quarta dose para todos, além do controle de passaporte de vacinação em portos e aeroportos. O Butantan e a Fiocruz terão assento em grupo de assessoria do presidente da republica, para orientação das medidas que a ciência e a experiência indicam.

Será recriado o Ministério da Cultura e indicada para o cargo de ministro conhecida historiadora, cujos estudos sobre a civilização brasileira são notáveis, em especial em vista da nossa diversidade. A ministra dará ênfase à reformulação das atividades da Fundação Palmares de forma a atender ao disposto no art. 68 das Disposições Transitórias da Constituição, ou seja, à efetiva proteção dos quilombos, objeto de indevidas ações possessórias. A ministra não atuou em novelas, nem toca sanfona.

Nesse campo, noticia-se que o IPHAN será novamente presidido por arqueólogo, sem curso de turismo, dedicado exclusivamente à proteção do patrimônio histórico e artístico e não ao patrimônio de alguém determinado pelo presidente.

Por graça do Ministério da Educação, a exemplo de São Paulo, todos os Estados alcançarão o percentual de 25% das escolas em tempo integral, cujos resultados têm sido excelentes quanto ao proveito do aluno. Há grande preocupação do Ministério da Educação com a qualidade dos cursos de mestrado e doutoramento, razão pela qual 500 consultores da CAPES, que haviam se afastado, prometem voltar a colaborar para garantia de qualidade da formação de nossos mestres e doutores.

A reforma tributária, que busca justiça social ao fazer tributos recaírem sobre renda e patrimônio e não sobre produção e consumo, está sendo responsavelmente costurada com os diversos partidos pelo senhor presidente da república.

A reforma administrativa, a ser aprovada graças ao empenho do governo, eliminará nichos de privilégios e reduzirá gastos. Ambas as reformas serão essenciais no controle da inflação e retomada da economia.

Gostou das notícias? Pois elas poderão ser as de 1º. de janeiro de 2023, obviamente, se não votar em Bolsonaro.

JOGUETE COM O SUPREMO

Em meados do ano passado, o Presidente Bolsonaro atacou duramente as urnas eletrônicas, reiterando acusações vazias de fraudes em 2014 e 2018.

Na campanha para minar a confiança nas eleições, o Presidente da República, em 29 de julho, fez transmissão ao vivo, pelo Youtube e Facebook, tendo ao lado coronel da reserva, lotado na Casa Civil, a explicar ter ficada comprovada a fraude na eleição de Dilma contra Aécio. Fantasiosa, contudo, era essa suspeita de fraude, conforme demonstrou o TSE, que representou em 2 de agosto ao Ministro Alexandre de Moraes, relator no Supremo do Inquérito 4.781/DF, referente à "Fake News", para ser apurada possível conduta criminosa do Presidente da República, ao divulgar inverdades sobre a insegurança do voto eletrônico.

Apesar da medida persecutória do TSE, o Presidente da República, dois dias depois, em 4 de agosto, deu entrevista à Rádio Jovem Pan, no programa "Os pingos nos Is" (https://youtu.be/uTst5tdNTtY), ao lado do Deputado Federal Felipe Barros, relator da Emenda Constitucional n. 135, que instituía a voto impresso.

Tramitava na Polícia Federal inquérito sigiloso, n. 1361, relativo às eleições de 2018. O sigilo do inquérito, estampado na capa em letras vermelhas, justificava-se pois o TSE enviara à Polícia Federal dados reservados de acesso ao seu sistema para ajudar na apuração. O Deputado Felipe Barros, pretextando ser relator da Emenda do Voto Impresso, solicitou acesso aos autos à Polícia Federal, que sem justa causa lhe foi dado.

Na entrevista, junto com o Presidente da República, o deputado, diz ter em mãos o inquérito sigiloso acima referido sobre o qual passa a discorrer. O Presidente da República, por sua vez, disponibilizou os dados sigilosos do TSE nas redes sociais, criando riscos ao sistema do Tribunal.

O TSE, em face do ocorrido, no dia 9 de agosto representou ao Supremo para ser aberta investigação relativa à violação de sigilo funcional, seja por parte do delegado federal que enviou cópia dos autos ao deputado, seja por parte do deputado e do próprio Presidente da República, que, em coautoria, teriam divulgado informações sigilosas, crime previsto no art. 153, parágrafo 1º-A, do Código Penal.

A prova do crime é incontestável por estar o mesmo registrado no Youtube e na disponibilização do conteúdo sigiloso nas redes sociais. Assim, em 9 de agosto, inquérito foi instaurado contra Bolsonaro. O Presidente, na sua luta contra as urnas eletrônicas, não tinha limites, alcançando o clímax em 7 de setembro, quando, em ato na Av. Paulista, temeroso dos inquéritos contra ele instaurados, chegou a dizer que "só sairia da presidência preso ou morto" e exaltou a desobediência à Justiça ao afirmar que não cumpriria decisão de Alexandre de Moraes.

A repercussão negativa dessa afronta à Justiça levou-o a buscar conselhos de Michel Temer, que redigiu carta de compromisso, na qual Bolsonaro reiterou o respeito pelas instituições da República, intitulando Alexandre de Moraes, antes chamado de canalha, como jurista e professor.

Sob a égide desta inovadora atitude conciliadora, o Presidente da República, ao receber o ofício solicitando sua oitiva no inquérito sobre violação de sigilo, peticionou afirmando que, em homenagem aos princípios da cooperação e boa-fé processuais, atenderia ao contido no Ofício, não interpondo recurso, apenas solicitando dilação de prazo para ser ouvido, sendo-lhe concedidos sessenta dias para informar data e horário para o interrogatório.

O Presidente da República não atendeu, como a correção processual exige, ao compromisso assumido, pois, em vez de marcar data, recorreu da determinação de interrogatório, em comportamento contraditório com a manifestação anterior. Deslealdade processual manifesta, em arrepio à confiança depositada na palavra do Presidente. Este contexto mostra um crime de responsabilidade?

Visa o crime de responsabilidade a afirmar a respeitabilidade da Administração Pública, que, ao ter uma ordem não cumprida, é atingida em sua autoridade. O Presidente poderia ter informado que manteria o silêncio em interrogatório e que nada teria a dizer, sendo desnecessária a sua realização. Mas não, pelo contrário, manifestou interesse em ser ouvido. Ao se vencerem os sessenta dias, apresentou, então, recurso sabidamente intempestivo a uma decisão de meses atrás, com a qual concordara. Em suma, o Bolsonaro conciliador era evidentemente uma fraude e fez joguete com o Supremo.

Assim, pauta-se o Presidente pela intenção de afrontar a ordem judicial, pois, primeiramente, fez de conta em aceitar a decisão, ganhou prazo, para depois se arvorar contra o que antes acatara, agindo com claro abuso do direito de recorrer.

Hoje, pelo visto, a Bolsonaro não interessa mais ser cordato. Precisa satisfazer sua trupe indo novamente ao confronto com o Supremo, para figurar como vítima de nova "facada", agora do Judiciário. Uma traquinagem, como bem ressaltou editorial de terça-feira passada, que se acrescenta à grave violação de sigilo.

FAKE NEWS NAS ELEIÇÕES

Em discurso de posse como presidente do TSE, o Min. Edson Fachin foi enfático na defesa da lisura do processo eleitoral cuja integridade cabe ser repetidamente proclamada, com total respeito ao escore das urnas.

Destaca o presidente do TSE o perigo das armadilhas da pirataria informativa que se vale do uso de robôs e contas falsas para disparos em massas, levando a uma distorção sistemática da verdade.

Quais instrumentos legais estão previstos na legislação ou em vias de serem estatuídos para se prevenir e reprimir atos ilícitos provocadores de acusações falsas a adversários ou que atingem a própria higidez do processo eleitoral?

Desde sua edição, em 1965, o Código Eleitoral consagrava o direito de resposta em face de declarações ofensivas à honra de candidato na propaganda eleitoral. Esse direito foi estendido, pela Lei n.9.504/97, também para o caso de afirmação sabidamente inverídica.

Ampliou-se o direito de resposta, em 2009, ao veiculado pela internet. A Resolução do TSE n. 23.610/19 (art. 38 § 1º), proíbe afirmações violadoras das regras eleitorais ou ofensas a direitos de participantes do processo eleitoral. Essa vedação compreende a repressão a menções sabidamente inverídicas, em vista das quais fica autorizada, além do direito de resposta, a remoção da matéria por ordem judicial.

Por sua vez, o Marco Civil da Internet (Lei n. 12.965/14), no art. 19, apenas prevê a determinação judicial liminar de indisponibilidade de conteúdo verossimilmente ofensivo à honra ou a direito da personalidade, sendo de interesse da coletividade sua remoção. A desobediência à ordem judicial resulta em responsabilidade civil. Todavia, cada plataforma tem termo de uso sobre conteúdo aceito ou não em sua rede.

O Presidente da República, cultor das fake news, tentou, por via da Medida Provisória n. 1608/21, criar obstáculos à possibilidade de remoção de conteúdo ofensivo ou lesivo ao interesse da coletividade.

A Medida Provisória foi devolvida pelo Presidente do Congresso Nacional por inconstitucional e por haver projeto aprovado no Senado, tramitando na Câmara, criando mecanismos de autoregulação pelas plataformas, dotadas, portanto, do poder de moderação das publicações.

No plano penal, lei recente alterou o art. 323 do Código Eleitoral. Tornou-se crime "divulgar, na propaganda eleitoral ou durante período de campanha eleitoral, fatos que sabe inverídicos em relação a partidos ou a candidatos e capazes de exercer influência perante o eleitorado".

Tal constitui avanço na luta contra a desinformação, pois a notícia veiculada pode ser reprimida - independentemente de constituir ofensa à honra - se contiver potencialidade para influenciar o eleitorado, deturpando a vontade do eleitor com mentiras sobre partido ou candidato.

Mas na proteção da democracia, cumpre ir além da preservação de interesse particular de partido ou candidato. É necessário proteger a fidedignidade do processo eleitoral e o respeito ao resultado das eleições.

Para tanto, recente lei, que introduziu no Código Penal capítulo relativo à tutela do Estado Democrático de Direito, trouxe importantes normas incriminadoras de atos atentatórios à higidez das eleições e ao processo de aferição dos resultados.

Bem se incrimina, no art. 359 N do Código Penal, a perturbação da eleição ou da aferição do resultado, mediante violação indevida de mecanismos de segurança do sistema eletrônico.

De outra parte, se a democracia resulta da escolha livre e consciente dos representantes do povo, essa liberdade e essa consciência desaparecem se houver a prevalência da desinformação na formação da vontade do eleitor. Também assim se sabidamente se coloca, de má fé, dúvidas sobre a correção do método de votação.

Destaco, então, outra norma incriminadora, vetada pelo Presidente da República, mas cujo veto se espera seja derrubado pelo Congresso no combate à pirataria informativa nas eleições, pois se deve tutelar a higidez da eleição em face da mentira. Diz a norma imotivadamente vetada: "Art. 359-O. Promover ou financiar, pessoalmente ou por interposta pessoa, mediante uso de expediente não fornecido diretamente pelo provedor de aplicação de mensagem privada, campanha ou iniciativa para disseminar fatos que sabe inverídicos, e que sejam capazes de comprometer a higidez do processo eleitoral - Pena - reclusão, de 1 (um) a 5 (cinco) anos, e multa."

Bolsonaro, agora em nova fase agressiva às urnas eletrônicas que se comprometera a respeitar, buscou envolver o Exército na falsa denúncia da insegurança do voto eletrônico. Buscou, "a la Trump" emporcalhar desde já a eleição que pode perder.

Esta conduta compromete o Estado Democrático de Direito, fundado no respeito ao processo eleitoral no seu conjunto, pois o deturpa com campanha de falsidades acerca da insegurança das urnas eletrônicas. Assim, a vigência dessa norma penal vetada é essencial na defesa da democracia, ao punir mentiras desse quilate, lesivas à credibilidade da eleição. Cabe ao Congresso derrubar o veto.

PREOCUPAÇÃO COM O BRASIL

A vida política brasileira cinge-se hoje à discussão distante da realidade, circunscrita a elucubrações e tratativas acerca de coligações nas eleições presidenciais e seus reflexos na composição de chapas estaduais.

Antecipa-se a eleição com atenção às pesquisas eleitorais, cujos índices são dados como definitivos, quando estes números apenas refletem o "recall" dos candidatos e podem, quando muito, revelar o grau de rejeição.

Com este panorama reduzido às possibilidades de acordos com vistas à eleição, tem-se a impressão de que o Brasil "vai indo" e seu destino não apresenta perigos, pois tudo é superado pelas artimanhas dos conchavos, pela satisfação das ambições daqueles que se intitulam membros da classe política dirigente, mas cuja bússola é voltada apenas aos seus interesses pessoais.

A tomografia de nosso país indica, contudo, a absoluta ausência de governo, sem qualquer planejamento estratégico a mostrar quais medidas concretas devem ser implementadas para resolver os diversos desafios.

O país vive farsas promovidas pelo presidente e sua turma, a começar pela auto outorga do mérito indianista, quando é acusado da prática de crime contra a Humanidade em face das populações indígenas durante a pandemia, com denúncia junto ao Tribunal Penal Internacional.

Somos condenados a viver um processo esquizofrênico, com a convivência concomitante de duas realidades conflitantes: o mundo do "faz de conta", vivenciado pelas lideranças políticas, preocupadas com os conluios e cálculos eleitorais e principalmente por Bolsonaro, com sua central de Fake News, a se fantasiar de super herói em "motociatas" e passeios de jet ski.

Só que há um Brasil real, a denunciar a inconsistência desse mundo fantasioso das ambições pessoais. O Brasil composto pelos problemas efetivos: inflação; miséria e fome; desemprego elevado; crescimento pífio do PIB e redução da renda per capita; deterioração de nosso parque industrial e do meio ambiente; crise sanitária; vulnerabilidades em nosso comércio exterior, além da continuidade da corrupção.

Não há governo e também não há a atuação dos organismos de controle, fundamentais no autocrático sistema presidencialista, pois é essencial a atuação fiscalizadora e repressora da Câmara dos Deputados e da Procuradoria Geral da República. Essas, por interesse político, renunciam à tarefa de processar as condutas ilegais promovidas pelo chefe do Executivo e seus sequazes.

Diante desta ausência de governo e de fiscalização, quem ocupa o espaço de efetivação do orçamento, espinha dorsal do exercício do poder?

As emendas parlamentares já constituíam moeda de troca em outros governos. Todavia, até tinham valor igual para todos os parlamentares, a destinação era conhecida e sua pertinência examinada pelo Executivo.

Na gestão de Arthur Lira criou-se, todavia, o maior instrumento de corrupção, "o orçamentão do centrão", por via do qual se institucionalizou a Emenda do Relator, cujo valor alcançou 21 bilhões em 2.021. Por essa Emenda o relator indica diretamente a destinação de verba aos ministérios para aplicação em obra específica em determinado município. Fica-se sem saber, posto que oculta, quem é a figura parlamentar por detrás dessa indicação feita em valores de livre fixação, a municípios escolhidos a dedo, conforme a importância do interesse político.

Exemplo gritante do domínio da República pelos senhores Lira e Ciro Nogueira, colhe-se na denuncia de O Estadão de domingo retrasado sobre o poder do Centrão na destinação das verbas discricionárias do FNDE (Fundo Nacional de Desenvolvimento da Educação). Gere o Fundo ex-chefe de gabinete do senador Ciro Nogueira, hoje ministro da Casa Civil. Em absoluta desproporção com a população estudantil, Alagoas de Arthur Lira recebeu a maior receita do fundo, com dotação de mais de 60 milhões de reais. O Piauí, do ministro Ciro Nogueira, recebeu 20 milhões de reais, pouco menos que São Paulo cuja população estudantil é infinitamente maior. Estas dotações aos municípios são intermediadas por pastores, que negociam com prefeitos a transferência direta aos seus municípios. Um escárnio.

Dentre os aspectos do Brasil real está a absoluta vulnerabilidade do país no campo do comércio exterior, objeto de artigo nesta página do embaixador Rubens Barbosa, seguido de exposição na Academia Paulista de Letras. O panorama é assustador, pois nossas exportações centram-se em ferro e dois produtos agrícolas, soja e milho, com poucos compradores no mercado internacional, dependendo em grande parte da China.

A Academia Paulista de Letras, ao tomar ciência desta situação, decidiu, como cultora de nossa soberania, fazer uma conclamação alertando a esses perigos que podem levar à bancarrota.

Assim, na ausência de lideranças efetivas, com o país em degenerescência, a Academia pede, aos que se preocupam com o futuro do Brasil, esforços para promover debate sobre as mudanças necessárias a enfrentar, com pensamento estratégico de médio e longo prazo, as nossas vulnerabilidades.

REI MEROVÍNGIO

Investigado no inquérito relativo à difusão de fake news, o Deputado Daniel Silveira, em abril de 2.020, incitou a população a fazer cerco e a promover a invasão das sedes do Supremo Tribunal Federal e do Congresso Nacional. Em novembro de 2.020 fez novas ameaças e instigou o povo a entrar no STF, "agarrar o Alexandre de Moraes pelo colarinho, sacudir aquela cabeça de ovo e jogar dentro de uma lixeira". No mês seguinte, chamou os ministros do STF de marginais, "cambada de imbecil", os desafiando a prende-lo e vaticinando que, se continuassem a julgar como o faziam, o STF e a Justiça eleitoral não mais iriam existir "porque nós não permitiremos".

Blasonando ser inviolável civil e penalmente pelas suas opiniões, Silveira prometeu acabar com "ministros canalhas", sendo esse o seu papel como parlamentar.

Não há, nestas verbalizações, qualquer manifestação de pensamento, pois inexiste raciocínio mínimo a presidir o discurso. Este se limita a uma enxurrada de ameaças graves e de ofensas grosseiras, chulas.

Ao instigar a invasão do Supremo, com violação da integridade física dos ministros, visou o deputado, mediante grave ameaça, a impedir o funcionamento livre da instituição. Tipifica-se, portanto, um crime contra o Estado Democrático de Direito, previsto no Código Penal (art. 359 L), consistente em "tentar, com emprego de violência ou grave ameaça, abolir o Estado Democrático de Direito, impedindo ou restringindo o exercício dos poderes constitucionais".

Ora, o direito de livre expressão do pensamento deve ser o mais amplo, mas não é admissível que deixe o campo da crítica, para restar simples e unicamente na esfera da ofensa e da ameaça. A Constituição Federal no art. 220 consagra a ampla liberdade de manifestação, mas respeitando valores consagrados pela própria Constituição, como a ordem constitucional e o Estado Democrático. A ofensa a estes valores se qualifica, no art. 5º, XLIV, como crime inafiançável e imprescritível.

A nossa democracia é combativa, defende a si mesma pois não admite, ingenuamente, que se possa valer da liberdade para destruir a liberdade. Cabe, em nome da tolerância, proclamar o direito de não ser tolerante com o intolerante, como destacam Alaor Leite e Adriano Teixeira em parecer à OAB sobre segurança nacional.

Assim é em países democráticos. O art. 18 da Constituição da Alemanha determina perder direitos fundamentais quem, ao combater a ordem constitucional, abusar da liberdade de expressar a opinião, particularmente da liberdade de imprensa. O Código Penal alemão (art. 90b), na linha do estatuído na Constituição, tipifica como crime divulgar difamação a alguma instituição da Federação ou se empenhar em tentativas contra a existência da República ou contra os princípios da Constituição.

No Código Penal italiano, o art. 342 estatui ser crime ofender o prestígio de um corpo judiciário. Em Portugal, no art. 325 do Código Penal, tipifica-se como crime tentar por meio de violência ou grave ameaça alterar o Estado de Direito constitucionalmente estabelecido. E, no art. 333, estatui-se ser crime constranger o livre exercício das funções de órgão de soberania.

Como se vê, a democracia protege-se a si mesma, limitando a liberdade de expressão quando esta se transforma abusivamente em ataque ao Estado Democrático, às instituições constitucionais.

Foi isso que fez o Supremo Tribunal Federal ao condenar o deputado Daniel Silveira, personificação da força bruta, por seus ataques à instituição e aos seus ministros colocando em perigo a ordem constitucional. Só um exercício de má fé pode transformar uma ofensa à República em uso "legítimo" da liberdade de expressão.

Mas o Presidente da República se arvorou em juiz do Supremo Tribunal Federal. Antes mesmo da publicação da decisão, concedeu graça ao condenado, considerando que houvera apenas "uso da liberdade de expressão", pretendendo assim se instituir como encarnação única do Poder Judiciário.

Bolsonaro, como um rei merovíngio, monarca dos francos no século VI, (Ellul, Histoire des instituitions, p.683) se atribuiu poder pessoal para ditar a justiça no seu exclusivo interesse, como se revestido de autoridade soberana.

O Presidente, todo poderoso, contestou a decisão da Justiça, a alterou, agindo como se Judiciário fosse, e declarou solenemente a constitucionalidade do próprio ato de graça.

Ao considerar inocente o brutamontes, o Presidente informou à nação que atingir com ameaças graves ao Supremo Tribunal não é crime, razão pela qual, como salienta parecer da OAB, da lavra de Lenio Streck, tornou próprio o constrangimento imposto ao Judiciário.

Constitui crime de responsabilidade (art. 85 da Constituição), atentar contra o livre exercício do Poder Judiciário, como se deu com concessão da graça modificativa da decisão judicial. O decreto de graça, mais que inconstitucional, encerra crime contra a República, o que se repete com a proposta de apuração paralela das eleições pelas Forças Armadas. São ensaios para o golpe.

CRUELDADE

Especialmente em tempos cinzentos, é preciso "ter medo do guarda da esquina, mais do que do general", como alertou Pedro Aleixo quando da instauração do AI-5. Os subordinados adotam com facilidade o abuso do poder se os desmandos não são reprimidos, mas dados como positivos pelos superiores.

Segundo a teoria da aprendizagem formulada por Gabriel Tarde e depois estudada por Southerland, a conduta delitiva se aprende em associação com as pessoas que a consideram positiva, gerando o convencimento de se estar a agir de maneira certa. Mesmo em face de condutas cruéis os freios inibitórios são anulados em decorrência do aplauso ao comportamento malvado vindo de autoridades.

Seria a crueldade inerente à pessoa humana, cujo primitivismo deve ser burilado pelos limites impostos pelo processo educacional? Ou a malvadeza é aprendida nas relações sociais, de acordo com o meio social no qual se está inserido?

Indo mais a fundo: o mal é inerente ao exercício do poder? Será um ingrediente ou um meio pelo qual obrigatoriamente o titular do poder se manifesta para o manter ou para o afirmar? Haveria até mesmo com gosto pelo mal?

Essas perguntas tocam no fulcro da questão da violência policial.

As perspectivas – a individual, congênita, e a social - combinam-se mas, sem dúvida, tem grande peso o incentivo e o elogio a valores negativos vindos dos superiores. A probabilidade de punição (ou, pelo menos, a certeza da reprovação moral da conduta nociva) é essencial para o exercício do poder se dar no limite do respeito aos demais.

Por isso a relação do governante com as polícias que atuam com a força na rua é fator relevante, pois a forma de agir do policial decorrerá do quadro de valores transmitido pela autoridade estatal.

Foi marcante o privilégio com que Bolsonaro tratou a Polícia Rodoviária Federal. Aumentou seu efetivo, garantiu proventos na aposentadoria iguais ao do último salário, compareceu a inaugurações de sedes e visitou postos policiais. Neste ano, repetidamente mencionou que o aumento salarial da Polícia Rodoviária Federal teria tratamento especial, inclusive equiparando a remuneração de seus quadros superiores à dada à Polícia Federal. A proximidade entre o presidente e a Polícia Rodoviária Federal é manifesta.

A tornar mais significativa essa ligação, pois Moro, no Ministério da Justiça, estendeu, inconstitucionalmente, a atribuição da Polícia Rodoviária Federal para além das rodovias, quando é claro o § 2º art. 144 da Constituição que edita: "§ 2º A polícia rodoviária federal, órgão permanente, organizado e mantido pela União e estruturado em carreira, destina-se, na forma da lei, ao patrulhamento ostensivo das rodovias federais". Assim, por decreto ministerial, reiterado em grande parte por André Mendonça como Ministro da Justiça, deu-se atribuição para a Polícia Rodoviária Federal atuar em ação conjunta com as polícias militares na área urbana. Ao mesmo tempo, eliminaram-se as aulas de direitos humanos previstas no currículo de formação do concursado.

Em consequência, a Polícia Rodoviária Federal, sem "expertise" para agir em operação policial nas favelas, passou a ser chamada a participar de ações de repressão com o Batalhão de Operações Especiais da PM do Rio de Janeiro. Veio, destarte, a integrar as forças policiais em duas chacinas na mesma Vila Comércio na zona norte do Rio, em 11 de fevereiro deste ano, com oito mortos e recentemente, em 24 de maio, com o saldo aterrorizador de 23 mortos, sendo metade dos assassinados sem antecedentes criminais.

O Presidente da República festejou a ação militar, cumprimentando os policiais pelo morticínio, que "neutralizou vinte". Negou-se a opinar, contudo, sobre a crueldade praticada por três policiais rodoviários em Sergipe, os quais malvadamente lançaram gás lacrimogêneo e pimenta no porta malas onde aprisionaram Genivaldo, que morreu por asfixia, após ter sido seviciado e empurrado com brutalidade para dentro da viatura.

Estes maus policiais, aos gritos e palavrões, agiram com obsessão para afirmar sua superioridade frente a um pobre cidadão, negro, tido por desprezível: uma pessoa "a ser neutralizada", como disse o Presidente em face dos mortos de Vila Comércio.

Assim, Genivaldo de Jesus Santos, parado pelos policiais por trafegar na moto sem capacete, foi cruelmente morto pela soberba do poder sem controle, em boa parte fruto do aplauso às violências anteriores da corporação.

O poder pessoal do "guarda da esquina" deve estar sob monitoramento, contido por lição de respeito ao direito dos cidadãos pois, do contrário, abre-se a possibilidade de vir a ser cruel ao ter o mal como meio de afirmação de "autoridade".

O exercício do poder, sem o bom exemplo e a fiscalização vindos de cima, viabiliza a instauração do instinto de desumanidade tendo por consequência a crueldade que, ensina Montaigne, é o extremo de todos os vícios, a nefasta ausência total de piedade.

Não será fácil desaprender o mal que se espalhou no espírito de parcela dos brasileiros nos anos Bolsonaro.

IMPEACHMENT

EXMO. SENHOR DEPUTADO FEDERAL ARTHUR LIRA
DD. PRESIDENTE DA CÂMARA DOS DEPUTADOS

MIGUEL REALE JÚNIOR, Título de Eleitor n. 001645780116, advogado, Professor Sênior da Faculdade de Direito da Universidade de São Paulo; **SYLVIA HELENA DE FIGUEIREDO STEINER**, Título de Eleitor n. 005885800191, advogada, ex-juíza do Tribunal Penal Internacional; **HELENA REGINA LOBO DA COSTA**, Título de Eleitor n. 2290553201-8, advogada, Professora Associada da Faculdade de Direito da Universidade de São Paulo; **ALEXANDRE LIMA WUNDERLICH**, Título de Eleitor n. 051064660493, advogado, Professor Doutor da Pontifícia Universidade Católica do Rio Grande do Sul - autores do Parecer Jurídico ofertado a pedido da CPI da Pandemia do Senado Federal -; **SALO DE CARVALHO**, Título de Eleitor n. 058400130434, advogado; **FLORIANO DE AZEVEDO MARQUES NETO**, Título de Eleitor n. 76107101-83, Diretor da Faculdade de Direito da Universidade de São Paulo; **JOSÉ ROGÉRIO CRUZ E TUCCI**, Título de Eleitor n. 57937101-83, ex-Diretor da Faculdade de Direito da Universidade de São Paulo; **JOSÉ CARLOS DIAS**, Título de Eleitor n. 006461120132, Presidente da Comissão Arns; **MIGUEL ROBERTO JORGE**, Título de Eleitor n. 972790101-32, ex-Presidente da Associação Médica Mundial; **ALOÍSIO**

1

LACERDA MEDEIROS, Título de Eleitor n. 006757210191, ex-Presidente da Associação de Advogados de São Paulo; **CLITO FORNACIARI JÚNIOR**, Título de Eleitor n. 866410601-71, ex-Presidente da Associação de Advogados de São Paulo; **MÁRIO DE BARROS DUARTE GARCIA**, Título de Eleitor n. 005870430175, ex-Presidente da Associação dos Advogados de São Paulo; **ANTÔNIO CLÁUDIO MARIZ DE OLIVEIRA**, Título de Eleitor n. 000473200116, ex-Presidente da Associação de Advogados de São Paulo e da Ordem dos Advogados do Brasil de São Paulo; **ALBERTO SILVA FRANCO**, Título de Eleitor n. 006756100175, fundador do Instituto Brasileiro de Ciências Criminais; **BELISÁRIO DOS SANTOS JÚNIOR**, Título de Eleitor n. 086863600167, ex-Secretário de Justiça e Cidadania do Estado de São Paulo; **ANTÔNIO FUNARI FILHO**, Título de Eleitor n. 086731270116, Presidente da Comissão de Justiça e Paz; **WALTER FANGANIELLO MAIEROVITCH**, Título de Eleitor n. 25436801-16, Presidente e fundador do Instituto Brasileiro Giovanni Falcone de Ciências Criminais, **JOSÉ EDUARDO CAMPOS DE OLIVEIRA FARIA**, Título de Eleitor n. 000937830159, Professor Titular da Faculdade de Direito da Universidade de São Paulo, com fundamento nos artigos 85 e 86 da Constituição Federal, Lei 1.079, de 10 de abril de 1950, artigos 218 e seguintes do Regimento Interno da Câmara dos Deputados e artigos 377 e seguintes do Regimento Interno do Senado Federal, vêm, respeitosamente, à presença de Vossa Excelência, apresentar a presente denúncia para instauração de competente processo de

IMPEACHMENT

contra o Senhor **JAIR MESSIAS BOLSONARO**, Presidente da República do Brasil, com endereço nesta cidade de Brasília, Distrito Federal, no Palácio do Planalto, 3º andar, pelos motivos de fato e de direito que passa a expor:

Por ação e omissão dolosas, o Senhor JAIR MESSIAS BOLSONARO, na condição de mandatário maior do País, deu causa à proliferação dos males que levaram milhares de brasileiros à morte e a perigo de morte em vista de terem contraído o vírus COVID-19, sendo, indubitavelmente, sua a responsabilidade pela imensa dimensão que tomou a pandemia, que não teria sido dessa grandeza não fosse a arquitetada política e o comportamento adotados pelo Presidente da República conforme os atos por ele praticados e a conduta tomada por seu governo, sob sua coordenação, conforme descrição e adequação típica abaixo:

CRIME DE RESPONSABILIDADE

1 - DIREÇÃO SUPERIOR DA ADMINISTRAÇÃO

Destaca-se, dentre os princípios constitucionais que regem a Administração Pública (art. 37 da Constituição), o da eficiência, para se buscar na satisfação dos deveres que incumbe ao Poder Público o melhor governo. Administrar, já em antiga lição de Miguel Seabra Fagundes, significa aplicar a

3

epidemiológica; V - exumação, necropsia, cremação e manejo de cadáver; VI - restrição excepcional e temporária de entrada e saída do país. Esta lei foi sancionada pelo Presidente da República em 06/02/20.

Entre outras disposições, estabelece que a "medida de quarentena tem como objetivo garantir a manutenção dos serviços de saúde em local certo e determinado" (artigo 4); que "será determinada mediante ato administrativo formal e devidamente motivado e deverá ser editada por Secretário de Saúde do Estado, do Município, do Distrito Federal ou Ministro de Estado da Saúde ou superiores em cada nível de gestão (...)".

Instruções normativas relativas aos trabalhos dos setores núcleos da presidência da República foram editadas, disciplinado o trabalho à distância, para fins de se evitar a aglomeração, realizando-se reuniões com os secretários executivos dos ministérios da Casa Civil, da Secretaria de Governo e da Secretaria Geral acerca da limitação do trabalho presencial, sendo, portanto, de plena ciência da presidência a imperiosidade de medidas de precaução para proteção da saúde das pessoas.

Em 17/03/20, foi editada Portaria Interministerial 5[3], dos ministérios da Justiça e da Saúde, tendo em vista a Política Nacional de Segurança Pública e Defesa Social, prevista no art. 4º, VI, da Lei 13.675, de 11 de junho de 2018, consagrar o

[3] Sob a justificativa de que "deve ser assegurado, às pessoas afetadas em razão da aplicação das medidas de enfrentamento da emergência de saúde pública de importância internacional decorrente do coronavírus, o pleno respeito à dignidade, aos direitos humanos e às liberdades fundamentais, em conformidade ao que preconiza o Artigo 3 do Regulamento Sanitário Internacional" (art. 1º da Portaria Interministerial 9, Ministério da Justiça e Segurança Pública e Ministério da Saúde), em 27/05/20 é "revogada a Portaria Interministerial MJSP/MS nº 05, de 17 de março de 2020" (art. 2º) que dispunha sobre a compulsoriedade das medidas de enfrentamento da Covid-19 como o isolamento e a quarentena.

princípio da eficiência na prevenção e na redução de riscos em situações de emergência que possam afetar a vida das pessoas, reconhecia-se a compulsoriedade das medidas de enfrentamento da emergência de saúde pública de importância internacional decorrente do coronavírus.

Além do mais, admitia-se a possibilidade de adequação do desrespeito de medidas que visem a evitar a disseminação do coronavírus como crimes previstos nos artigos 268 e 330 do Código Penal.

2 - PROJETO DE IMUNIZAÇÃO DE REBANHO

O Presidente da República foi ao longo de fevereiro e março de 2020 reiteradamente colocado a par dos graves problemas decorrentes da pandemia que levara à decretação da Emergência Nacional, a se ver pelas reuniões ministeriais ocorridas com sua presença no Palácio do Planalto em 18 de fevereiro e 03, 18 e 20 de março, bem como da reunião em 22 de março com o Ministro da Saúde, neste ministério.

Houve, ademais, videoconferências com governadores em 23, 24 e 25 de março.

Malgrado estas seguidas informações e esclarecimentos, tendo o Presidente da República sancionado a Lei regente da matéria de enfrentamento da pandemia, a Lei 13.979/20, não houve de sua parte senão obstáculos ao cumprimento das medidas indicadas como imprescindíveis para proteção da vida da população e de defesa de sua saúde em face da disseminação do vírus da Covid-19.

7

É o que se pode inferir do registrado de forma quase desesperadora na carta a ele enviada em 28 de março de 2020 pelo então Ministro da Saúde Henrique Mandetta.

O Presidente da República colocou a garantia da continuidade da plena atividade econômica acima da adoção das medidas preconizadas pelos especialistas e pela OMS, manifestando insensível indiferença às mortes que ocorreriam, "pois todos vamos mesmo morrer um dia", tomando decisões planejadas de minimizar a prevenção obstaculizando o uso de máscaras; ampliando o rol de atividades essenciais não sujeitas à limitação de trabalho; participando de aglomeração em espaços fechados ou abertos e autorizando atividades em templos e escolas; propagando todos os dias a adoção de tratamento precoce não cientificamente constatado e, por vezes, prejudicial à saúde. Por fim, conspirando contra as vacinas, seja ao não adquiri-las, seja instalando no espírito da população desconfiança acerca de sua eficácia e mesmo sugerindo serem prejudiciais.

É importante ressaltar ter sido esta política pensada e aplicada sob a égide da ideia mestra da imunização de rebanho, à qual aderira o Presidente, ao colocar a preservação da economia, para evitar desgaste de popularidade, acima da preservação da vida e da saúde, reforçando esta postura pela opinião colhida com assessores informais, um ministério sombra, em reuniões no Palácio do Planalto. Por via desta orientação, construiu-se um desastre na saúde pública brasileira, que se apresenta de forma coerente e estruturada[4].

[4] Estudo realizado pela Universidade de São Paulo, por meio do Centro de Pesquisas e Estudos de Direito Sanitário da Faculdade de Saúde Pública (CEPEDISA), em conjunto com a Conectas, Direitos Humanos *(Direitos na Pandemia - Mapeamento e Análise das Normas Jurídicas de Resposta à Covid-19 no Brasil-*

8

Em entrevista à rádio Tupi, dia 17/03/20, o Presidente da República disse:

> "O que está errado é a histeria, como se fosse o fim do mundo. Uma nação como o Brasil só estará livre quando certo número de pessoas for infectado e criar anticorpos"[5].

Em 24/03/20, em pronunciamento oficial em rede nacional, o sr. Presidente disse:

> "O vírus chegou, está sendo enfrentado por nós e brevemente passará. Nossa vida tem que continuar. Os empregos devem ser mantidos. O sustento das famílias deve ser preservado. Devemos, sim, voltar à normalidade. Algumas poucas autoridades estaduais e municipais devem abandonar o conceito de terra arrasada, a proibição de transportes, o fechamento de comércio e o confinamento em massa. O que se passa no mundo tem mostrado que o grupo de risco é o das pessoas acima dos 60 anos. Então por que fechar escolas? Raros são os casos fatais de pessoas sãs com menos de 40 anos de idade. 90% de nós não teremos qualquer manifestação, caso se contamine[6].

---

https://www.conectas.org/publicacoes/download/boletim-direitos-na-pandemia-no-3) revelou a existência de uma "**estratégia institucional de propagação do vírus**", entendendo ser "razoável afirmar que muitas pessoas teriam hoje suas mães, pais, irmãos e filhos vivos caso não houvesse esse projeto institucional." Conclui-se, então, não haver tão só incompetência e negligência, mas "**empenho em prol da ampla disseminação do vírus no território nacional, declaradamente com o objetivo de retomar a atividade econômica o mais rápido possível e a qualquer custo**".

[5] Disponível em: https://twitter.com/rADIotupi/status/1239922470746013696

[6] Pronunciamento do Presidente da República. Em: https://www.gov.br/planalto/pt-br/acompanhe-o-planalto/pronunciamentos/pronunciamentos-do-presidente-da-republica/pronunciamento-em-cadeia-de-radio-e-televisao-do-senhor-presidente-da-republica-jair-bolsonaro

9

Em 29 de março, afirma o Presidente: "O vírus está aí. Vamos ter que enfrentá-lo, mas enfrentar como homem, porra. Não como um moleque. Vamos enfrentar o vírus com a realidade. É a vida. Todos nós iremos morrer um dia"[7].

No dia 2 de abril, o Presidente volta a falar da imunização de rebanho em conversa com apoiadores:

> "Tá com medinho de pegar vírus? Brincadeira. E o vírus é uma coisa que 60% vão ter, ou 70%. (...) Eu desconheço qualquer hospital que esteja lotado"[8].

Em 16 de abril, ao anunciar medidas econômicas de resposta à pandemia, o Ministro da Economia, Paulo Guedes, declara:

> "Os mais idosos vão pra casa. Os mais jovens podem circular, têm mais saúde, mais defesa imunológica. E a economia consegue encontrar um meio-termo. Porque se ficar todo mundo em casa, o produto (a economia) colapsa. Se ficar todo mundo na rua, a velocidade de contágio é muito rápida e você atinge nosso sistema de saúde. Tem que ter um meio-termo"[9].

---

[7] "Da 'gripezinha' ao 'e daí?': as falas de Bolsonaro em cada fase da pandemia", A Gazeta. Em: https://www.agazeta.com.br/es/politica/da-gripezinha-ao-e-dai-as-falas-de-bolsonaro-em-cada-fase-da- pandemia-0520

[8] "Bolsonaro volta a atacar governadores e desafia: 'Tá com medinho do vírus?'", CNN Brasil: https://www.cnnbrasil.com.br/politica/2020/04/02/bolsonaro-volta-a-atacar-governadores-em-pandemia-e-desafia-ta-com-medinho

[9] "Coronavírus: após críticas por demora, Guedes anuncia pacote de R$ 147 bilhões contra estragos na economia", Época/Negócios: https://epocanegocios.globo.com/Economia/noticia/2020/03/coronavirus-apos-criticas-por-demora-guedes-anuncia-pacote-de-r-147-bilhoes-contra-estragos-na-economia.html

10

Na mesma data, em sua "live" semanal, o Presidente da República afirmou:

> "É quase unanimidade, que 60% dos brasileiros já foram ou serão infectados. E a partir desse momento, que nós podemos praticamente dizer que ficamos livres do vírus tendo em vista esse percentual grande de pessoas ter conseguido anticorpos. Então a mensagem é: cuidar dos idosos e de quem tem comorbidade, e as demais pessoas também tomar o devido cuidado, mas não precisa se apavorar caso venha a ser contaminado[10]".

Em 23 de abril, em sua "live", o Presidente afirma:

> "Infelizmente o vírus chegou e. infelizmente continua levando pessoas a óbito, infelizmente. Em especial os mais idosos e o pessoal que tem algum tipo de doença. Mas uma verdade que ninguém contesta, né, que 60% a 70% da população vai ser infectado. Ninguém contesta esse número. Só a partir daí, diz gente do mundo todo, que o país começa a realmente entrar em uma normalidade, poder dizer que está ficando livre do vírus[11]".

Em 28 de abril, o Presidente comenta números de mortos no Brasil que ultrapassaram os da China: "E daí? Lamento, quer que faça o quê? Eu sou Messias, mas eu não faço milagre."[12]

[10] Em: https://www.youtube.com/watch?v=vNyBRsVZ0gg

[11] Em: https://www.cnnbrasil.com.br/politica/2020/03/25/bolsonaro-nao-estou-preocupado-com-a-minha-popularidade

[12] "Bolsonaro sobre recorde de mortes por coronavírus: Eu sou Messias, mas não faço milagre", Jovem Pan: https://jovempan.com.br/noticias/brasil/bolsonaro-mortes-coronavirus-messias.html

11

Novamente, na "live" semanal de 30 de abril, repete a adoção da política da imunidade de rebanho:

> "70% da população vai ser infectada. E pelo que parece, pelo que estamos vendo agora, todo empenho para achatar a curva, praticamente foi inútil. Agora, consequência disso, efeito colateral disso: desemprego. O povo quer voltar a trabalhar. Todo mundo sabe que quanto mais jovem, menos problema tem, de ter uma consequência danosa, sendo infectado pelo vírus. As pessoas abaixo de 40 anos de idade, dos infectados com alguma outra comorbidade, em torno de 0,2% apenas que o fim é trágico"[13].

Em 9 de maio, no lago Paranoá, onde foi sem máscara passear de jet-ski, o Presidente repetiu: "É uma neurose. 70% [da população] vai pegar o vírus, não tem como. É uma loucura"[14].

Novamente em sua "live" semanal, no dia 14 de maio, o Presidente reafirma:

> "O vírus vai atingir no mínimo 70% da população. Isso é fato. Isso ninguém discute. Agora, essa maneira radical de proporcionar lockdown, fecha tudo, não dá certo. E não dá certo em nenhum lugar do mundo. A Suécia, o país que não fez lockdown, é o país está bem com a sua economia[15]".

E em 23 de maio:

[13] "Live" de toda quinta-feira com o Presidente Jair Bolsonaro (30/04/2020). Em: https://www.youtube.com/watch?v=XceWFVE7QLc
[14] Em: https://noticias.r7.com/brasil/apos-cancelar-churrasco-bolsonaro-pilota-jet-ski-em-lago-de-brasilia- 09052020
[15] Em: https://www.youtube.com/watch?v=S28DvOuB6cM

12

> "Encare o vírus como uma realidade. 70% vai ser infectado. Pra quê levar o terror junto ao povo? Todo mundo vai morrer. Quem tiver uma idade avançada e for fraco, se contrair o vírus vai ter dificuldade. Quem tem doenças, comorbidades, também vai ter dificuldade. Esse pessoal que tem que ser zelado. Pela família. O Estado não tem como zelar de todo mundo não, fica aí essa demagogia de 'todo mundo em casa'. Quem tem grana fica em casa. (...)Eu gostaria, já conversei com alguns líderes partidários, que se defina, né, se eu tiver apoio eu apresento um projeto de medida provisória, o que é atividade essencial? É toda aquela necessária pro ser humano, pro homem e a mulher, levar um prato de comida pra sua casa. (...)Uma neurose, neurose"[16].

Em discurso, dia 13/07/20, na Cúpula Ministerial sobre Inclusão Social para a América Latina e o Caribe da Organização para a Cooperação e Desenvolvimento Econômico (OCDE), o Ministro da Economia, Paulo Guedes, assegurou:

> "Algumas regiões brasileiras já contam com imunidade de rebanho contra o novo coronavírus, acrescentando: "Há estados em que o confinamento social foi limitado e a pandemia avançou rapidamente. Houve grande mortalidade e os sistemas de saúde foram pressionados, às vezes faltava atendimento. E agora são os estados onde a doença está caindo mais rapidamente".

[16] "Coletiva sobre o que escondem desde o início de seu mandato", Band News. Em: https://www.youtube.com/watch?v=P70okK2pwtw

13

Em 31/07/20, em Bagé, reafirma a ideia de imunidade de rebanho[17]:

> "Todos vocês vão pegar um dia. Tem medo do quê? Enfrenta. Lamento as mortes. Morre gente todo dia, de uma série de causas. É a vida".

O líder do governo na Câmara dos Deputados, Ricardo Barros, diz em 13/08/20: "O Brasil não precisava ter feito isolamento horizontal. Poderia ter feito isolamento vertical e já teríamos adquirido imunidade de rebanho e superado essa epidemia[18]"

O Deputado Ricardo Barros, em 22/10/20, afirma em "live" da Confederação Nacional da Indústria (CNI): "A literatura diz que 90% que pegarem serão assintomáticos. Os que tiverem sintomas serão tratados desde o início. (...). Precisamos encerrar a pandemia. Como? Imunidade de rebanho"[19].

Em 29/10/20, o Deputado Ricardo Barros volta à carga no tema da <u>imunidade de rebanho</u> ao declarar publicamente: "Eu queria debater, em especial, a imunidade de rebanho por transmissão, volta à normalidade. Esse é o tema. Nós estamos vendo a segunda onda de infecção, transmissão do vírus na Europa. Todas as medidas de recuperação econômica tomadas vão por água abaixo, começa tudo de novo. É muito caro este modelo. Eu pessoalmente acredito que nós deveríamos retomar totalmente a normalidade da sociedade, fazer o isolamento vertical."[20]

---

[17] Em: https://gauchazh.clicrbs.com.br/politica/noticia/2020/07/inauguracoes-aglomeracoes-e-cloroquina-como-foi-a-visita-de-bolsonaro-a-bage-ckdanu88b0043013gksm8zb3d.html

[18] Em: https://politica.estadao.com.br/noticias/geral,novo-lider-do-governo-defende-distribuicao-de-cargos-e-fala-em-enfrentar-servidores,70003397954

[19] "Líder do governo diz que 'nova ordem é combinar primeiro e anunciar depois'", CNN Brasil: https://www.cnnbrasil.com.br/politica/lider-do-governo-diz-que-nova-ordem-e-combinar-primeiro-e-anunciar-depois/

[20] Em: https://www.camara.leg.br.

14

Em 17/11/20, o Secretário de Política Econômica do Ministério da Economia, Alfredo Sachsida, afirmou que:

> "Os estudos que temos mostram que muitos Estados atingiram ou estão muito próximos de atingir a imunidade de rebanho. Honestamente, acho baixa a probabilidade de segunda onda."[21]

Em entrevista ao vivo do Ministério da Saúde, em 07/01/21, o Presidente da República refere:

> "Nós tivemos que enfrentar um fechamento indiscriminado da economia brasileira. Se eu tivesse poder lá atrás de tratar desse assunto nós daríamos uma atenção toda especial pro pessoal de grupo de risco, pessoal com comorbidade e pessoas com mais idade, e o resto da população volta a trabalhar. (...)O que alguns estão fazendo agora novamente de fechar tudo, isso é uma irresponsabilidade".

O relato acima revela o descaso para com a saúde e a vida dos brasileiros, fugindo à responsabilidade de promover a adoção de medidas de precaução, como se verá a seguir, dando ouvidos a um ministério sombra, constituído por supostos "cientistas", que diziam o que pretendia ouvir, ignorando conscientemente que a economia só se estimularia com o controle da epidemia e não a deixando se espalhar, dando causa a sua disseminação, de forma insensível ao sofrimento de tantos.

[21] Em: https://www.jota.info/casa-jota/adolfo-sachsida-pais-quebrado-08012021

15

3 - ATOS CONTRÁRIOS À PRECAUÇÃO

O sr. Presidente da República, por atos normativos, atos de governo e conduta pessoal, conspirou, mormente ao longo de março e abril de 2020, contra as medidas sanitárias ditadas pela ciência, adotadas pelo Ministério da Saúde, até que, no final de março, o Ministro Henrique Mandetta envia carta ao mandatário em que anuncia o colapso do sistema se não houvesse mudança de atitude.

Com efeito, a conduta reiterada do Presidente da República criava obstáculos à efetividade de medidas preventivas contra a disseminação do vírus. Estudo da Faculdade de Saúde Pública da Universidade de São Paulo e da Conectas Direitos Humanos atesta esse fato. A tônica do posicionamento do Presidente, seja na edição de atos normativos, seja em sua conduta pessoal, era sempre o de privilegiar a economia, a atividade laboral, em **desprezo ao cuidado com a saúde e a vida**.

Para tanto, promovia mau exemplo, andando sem máscara, provocando aglomeração, pondo em risco populares ao seu redor, do mesmo modo como autorizava reuniões religiosas, ampliava setores como essenciais, incentivando não ficar em casa, não cumprir isolamento, mesmo porque havia um poderoso tratamento precoce, consistente na cloroquina a ser ministrada livremente.

Assim, cabe lembrar alguns fatos significativos.

16

Houve aglomeração provocada pelo Presidente da República em 15/03/20, ao comparecer à manifestação, sem máscara, descendo a rampa do palácio e expressando não ter preço tamanho acontecimento, tanto que veio a postar imagens do evento e de suas faixas[22].

No dia 20/03/20, o Presidente da República edita a Medida Provisória 926/20 para alterar a Lei 13.979/20, notadamente para avocar a competência para definição dos serviços públicos e atividades essenciais por meio de Decreto: "art. 3°, §9° O Presidente da República disporá, mediante decreto, sobre os serviços públicos e atividades essenciais a que se referem o §8°". O objetivo era o de concentrar poderes de especificação dos serviços, flexibilizando, desta forma, as ações restritivas à circulação impostas pelas políticas de distanciamento social adotadas por Governadores e Prefeitos.

Não por outra razão, é editado, na mesma data, o Decreto 10.282, que, em seu art. 3°, §1°, define mais de 50 (cinquenta) atividades gerais como essenciais, entre elas, por exemplo, serviços de *call center* (inciso VII).

A OAB considerou interferência abusiva a do Governo Federal, que visava, antes de tudo, inviabilizar a adoção de medidas de precaução adotadas antes pela Lei 13.979/20 e pelo próprio Ministério da Saúde, e fixadas pelos governos estaduais, de acordo com suas características regionais.

---

22 Em: https://politica.estadao.com.br/noticias/geral,apesar-do- coronavirus-pais-registra-atos-pro-governo-presidente-divulga-manifestacoes,70003233854 https://www1.folha.uol.com.br/poder/2020/03/politico-que-tem-medo-de-rua-nao-serve-para-ser-politico-diz-bolsonaro-sobre-dia-15.shtml

17

Assim, o Conselho Federal da OAB propôs Ação de Descumprimento de Preceito Fundamental (ADPF 672) requerendo ao Supremo Tribunal Federal medida cautelar para que determinasse à Presidência da República o cumprimento do protocolo da Organização Mundial da Saúde para prevenção da propagação do vírus, tais como: **(a)** adoção de medidas de isolamento social; **(b)** respeito às determinações de governadores e prefeitos que restringiam "funcionamento das atividades econômicas" e estabeleciam "regras de aglomeração"; **(c)** não interferência na atuação técnica do Ministério da Saúde; **(d)** implementação de benefícios emergenciais como auxílio financeiro.

A Suprema Corte concedeu a medida liminar em 08/04/20, assegurando aos estados e municípios competência concorrente, no âmbito das suas atribuições, para a adoção de medidas restritivas durante a pandemia, sem prejuízo da competência geral da União[23].

Em 23/03/20, a Resolução de Diretoria Colegiada (RDC) da ANVISA 354 retirou a exigência de receita médica especial para pacientes que recebem medicamentos à base de cloroquina e hidroxicloroquina por meio de programas governamentais.

[23] Frise-se, sem prejuízo da competência da União, à qual cumpre planejar e orientar e mesmo fiscalizar a ação conjunta com Estados e Municípios, mesmo porque, de acordo com o disposto no art. 198 da Constituição Federal, o sistema único de saúde constitui uma rede regionalizada, descentralizada, com recursos da União, Estados e Municípios, em cooperação. E na decisão do STF é de se ressaltar, ao contrário do sustentado pelo Presidente da República de ter sido proibido de interferir na ação contra a epidemia, o seguinte: Em seu voto do Min. Fachin, relator da ADin 6341, bem esclarece ser "competência comum dos entes federativos a adoção ou manutenção de medidas restritivas durante a pandemia da Covid-19. Assim, a princípio, tanto a União quanto os Estados e os Municípios podem (e devem) adotar imposição de distanciamento social". O Min. Gilmar Mendes no seu voto elucida: "todas as esferas federativas que compõem o SUS (União, Estados, Municípios e Distrito Federal) possuem deveres e responsabilidades com a saúde pública, e é de todas elas que devem ser cobradas atuações administrativas eficazes, preventivas e de assistência".

18

Em 25/03/20, o Decreto 10.292 inclui atividades religiosas de qualquer natureza e unidades lotéricas entre as atividades consideradas essenciais durante a pandemia.

No dia seguinte, a apoiadores, em frente ao palácio da Alvorada, o sr. Presidente da República falou: "O brasileiro tem de ser estudado, não pega nada. O cara pula em esgoto, sai, mergulha e não acontece nada"[24].

Em 26/03/20, a Secom da Presidência da República lançou a campanha "Brasil não pode parar", veiculando a informação de que "no mundo todo, são raros os casos de vítimas fatais do coronavírus entre jovens e adultos" e incitando à desobediência das medidas quarentenárias: "Para trabalhadores autônomos, o Brasil não pode parar. Para ambulantes, engenheiros, feirantes, arquitetos, pedreiros, advogados, professores particulares e prestadores de serviço em geral, o Brasil não pode parar".

O Ministério Público propôs Ação Civil Pública para sustação da campanha de desinformação da população e, no âmbito das ADPFs 668 e 669, ajuizadas respectivamente pela Confederação Nacional dos Trabalhadores Metalúrgicos e pelo partido Rede Sustentabilidade, o Ministro do Supremo Tribunal Federal, Luiz Roberto Barroso, concedeu liminar ponderando: "O uso de recursos públicos para tais fins, claramente desassociados do interesse público consistente em salvar vidas, proteger a saúde e preservar a ordem e o funcionamento do sistema de saúde, traduz uma aplicação de recursos públicos que não observa os princípios da legalidade, da moralidade e da eficiência".

[24] ""Brasileiro pula em esgoto e não acontece nada", diz Bolsonaro em alusão ao coronavírus", Istoé. Disponível em: https://istoe.com.br/brasileiro-pula-em-esgoto-e-nao-acontece-nada-diz-bolsonaro-em-alusao-ao-coronavirus/

19

Chega-se ao fim de março e, então, o Ministro da Saúde envia carta altamente significativa reveladora da integral ciência e responsabilidade do Presidente da República pelo desastre que se desenrolava e que iria apenas se agravar se não mudasse de atitude, como se fortemente solicitava:

> "Assim, em que pese todo esforço empreendido por esta Pasta para proteção da saúde da população e, via de consequência, preservação de vidas no contexto da resposta à epidemia do Covid-19, as orientações e recomendações não receberam apoio deste Governo Federal, embora tenha[m] sido embasadas por especialistas e autoridades em saúde, nacionais e internacionais, quais sejam isolamento social e a necessidade de reconhecimento da transmissão comunitária. (...). Neste sentido, tendo em conta que a atuação do Ministério da Saúde no preparo, vigilância e resposta a pandemia pelo Covid-19, em consonância com o Regulamento Sanitário Internacional (Decreto 10.212, de 30 de janeiro de 2020), fundamenta-se nos fatos apurados, nas evidências científicas e na observância dos princípios e regras que alicerçam os direitos e garantias fundamentais de todo cidadão brasileiro, recomendamos, expressamente, que a Presidência da República reveja o posicionamento adotado, acompanhando as recomendações do Ministério da Saúde, uma vez que a adoção de medidas em sentido contrário poderá gerar colapso do sistema de saúde e gravíssimas consequências à saúde da população".

No dia seguinte ao envio desta carta, o sr. Presidente da República, em passeio por Brasília, sem máscara e dando causa à aglomeração, falou: "O vírus está aí. Vamos ter que enfrentá-lo,

20

mas enfrentar como homem, porra. Não como um moleque. Vamos enfrentar o vírus com a realidade. É a vida. Todos nós iremos morrer um dia"[25].

A partir da demissão do Ministro da Saúde Henrique Mandetta, a conduta do Presidente da República de desprezo às medidas de precaução à disseminação do vírus se acentuou.

No dia 20/04/20, ao ser indagado por um jornalista sobre o crescente número de mortes por Covid-19 no Brasil, o Presidente Jair Messais Bolsonaro respondeu: "Não sou coveiro"[26].

Dias depois, em 28/04/20, ao ser perguntado a respeito do número recorde de óbitos no país, o Presidente da República retrucou: "E daí?"[27].

Em seguida, veio a público vídeo no qual o Presidente da República imita um doente com falta de ar[28], em deboche aos doentes e moribundos entubados que sentiam asfixia nos hospitais.

Em 10/04/20, "ninguém vai tolher meu direito de ir e vir", declara o sr. Presidente da República em frente a uma farmácia, dando azo novamente a aglomeração[29] e fazendo campanha contra as

[25] Em: https://www.agazeta.com.br/es/politica/da-gripezinha-ao-e-dai-as-falas-de-bolsonaro-em-cada-fase-da-pandemia-0520

[26] Em: https://g1.globo.com/politica/noticia/2020/04/20/nao-sou-coveiro-ta-diz-bolsonaro-ao-responder-sobre-mortos-por-coronavirus.ghtml

[27] Em: https://g1.globo.com/politica/noticia/2020/04/28/e-dai-lamento-quer-que-eu-faca-o-que-diz-bolsonaro-sobre-mortes-por-coronavirus-no-brasil.ghtml

[28] Em: https://www.youtube.com/watch?v=g4K_W1fUhuI

[29] Em: https://noticias.r7.com/brasil/ninguem-vai-tolher-meu-direito-de-ir-e-vir-diz-bolsonaro-em-passeio-10042020

21

medidas de isolamento decretadas por governos estaduais, conforme recomendações de especialistas.

Em 16/04/20, efetiva-se a demissão de Henrique Mandetta do Ministério da Saúde, que, então, denuncia a existência de um assessoramento "paralelo", um Ministério sombra, a dizer ao Presidente da República o que lhe agradava acerca das medidas a serem tomadas em face da pandemia, em desacordo com as recomendações da ciência[30].

Em 28/04/20, edita o Presidente da República o Decreto 10.329, modificativo do Decreto 10.282 (ver §§ 14 e 20), para alargar significativamente o rol de atividades essenciais ao abranger o setor químico, petroquímico e de plástico, além de quaisquer atividades cujo processo produtivo não possa ser interrompido sob pena de dano irreparável das instalações e dos equipamentos, tais como o processo siderúrgico e as cadeias de produção do alumínio, da cerâmica e do vidro, entre outros acréscimos. Neste mesmo dia, o Presidente comenta números de mortos no Brasil que ultrapassaram os da China: "E daí? Lamento, quer que faça o quê? Eu sou Messias, mas eu não faço milagre"[31].

Em 07/05/20, novamente buscou ampliar ainda mais o campo das atividades essenciais. Assim, Decreto 10.342 altera Decreto 10.282 para incluir construção civil entre atividades essenciais durante a pandemia.

Em 11/05/20, o novo Decreto 10.344 inclui os salões de beleza e barbearias, academias de esporte de todas as modalidades e

---

[30] Em: https://www12.senado.leg.br/noticias/materias/2021/05/28/mandetta-revela-gabinete-paralelo-e-tentativa-de-mudar-bula-da-cloroquina

[31] Em: https://jovempan.com.br/noticias/brasil/bolsonaro-mortes-coronavirus-messias.html

fl. 22

atividades industriais (sem especificação) entre atividades essenciais durante a pandemia.

Em 27/05/20, Portaria Interministerial 9 do Ministério da Justiça e Segurança Pública, então ocupado por André Luiz de Almeida Mendonça, e do Ministério da Saúde, sendo Ministro Eduardo Pazuello, revoga a Portaria Interministerial 5, editada em 17/03/20 pelos então Ministros da Justiça Sergio Moro e da Saúde Luiz Henrique Mandetta, que dispunha sobre a compulsoriedade das medidas de enfrentamento da Covid-19, entre elas o isolamento e a quarentena, e a responsabilidade pelo seu descumprimento.

Desmonta-se, assim, o instrumento jurídico que dava respaldo às medidas necessárias ao enfrentamento preventivo da pandemia.

Em 10/06/20, por transmissão ao vivo no *Facebook*, o Presidente incita à invasão de hospitais de campanha:

> "Pode ser que eu esteja equivocado, mas, na totalidade ou em grande parte, ninguém perdeu a vida por falta de respirador ou leito de UTI. Pode ser que tenha acontecido um caso ou outro. Seria bom você, na ponta da linha, tem um hospital de campanha aí perto de você, um hospital público, arranja uma maneira de entrar e filmar. Muita gente tá fazendo isso, mas mais gente tem que fazer para mostrar se os leitos estão ocupados ou não"[32]

[32] Em: https://www.terra.com.br/noticias/coronavirus/bolsonaro-incentiva-invasao-de-hospitais-para-filmar-leitos,d6d91d6b5d4ede0c0afeaa23f1b5d16fuukb4x1w.html

23

Pela Mensagem 374, o Presidente da República veta 25 dispositivos da Lei 14.019, de 02/07/20, que instituem a obrigatoriedade do uso de máscaras[33] em estabelecimentos comerciais e industriais, templos religiosos, escolas e demais locais fechados em que haja reunião de pessoas, sob a justificativa de que os dispositivos incorreriam em possível "violação de domicílio".

De igual modo, vetou a imposição de multa pelos entes federados nos casos de descumprimento da obrigação de uso de máscaras e de estabelecimentos autorizados a funcionar durante a pandemia da Covid-19 que deixassem de disponibilizar álcool 70% em locais próximos a entradas, elevadores e escadas rolantes. Em 19/08/20, o Congresso Nacional derrubou o veto presidencial, mantendo os dispositivos na lei.

Na linha da flexibilização das regras de controle da pandemia, o Governo Federal iniciou, em julho de 2020, um processo de desregulamentação do uso de máscaras e EPI's.

Em 02/07/20, na Mensagem 374, a Presidência da República vetou 25 dispositivos da Lei 14.019/20, que "altera a Lei 13.979, de 6 de fevereiro de 2020, para dispor sobre a obrigatoriedade do uso de máscaras de proteção individual para circulação em espaços públicos e privados acessíveis ao público, em vias públicas e em transportes públicos, sobre a adoção de medidas de assepsia de locais de acesso público, inclusive transportes públicos, e sobre a disponibilização de produtos saneantes aos usuários durante a vigência das medidas para

[33] Neste mesmo mês de julho, a OMS proclamou o benefício e a necessidade do uso de máscara como medida fundamental para se impedir a disseminação do vírus. Em: www.uol.com.br/vivabem/npticias/bbc/2020/06/06/por-que-oms-agora-recomenda-uso-de-mascara-em-publico-contra-covid-19.amp.htm

24

enfrentamento da emergência de saúde pública de importância internacional decorrente da pandemia da Covid-19".

O Presidente da República publica despacho no DOU que modifica a Mensagem 374 para fazer novos vetos à Lei 14.019, já promulgada e publicada, apesar da expiração do prazo de quinze dias úteis para exercício do direito de veto em 02/07/20. Novos vetos desobrigam os estabelecimentos em funcionamento durante a pandemia de fornecer gratuitamente a funcionários e colaboradores máscaras de proteção individual (ainda que de fabricação artesanal), veta ainda a obrigatoriedade de uso de máscaras de proteção individual nos estabelecimentos prisionais e nos estabelecimentos de cumprimento de medidas socioeducativas. Em 03/08/20, o STF concede liminar restabelecendo a vigência dos dispositivos vetados, entendendo que o "exercício renovado" do poder de veto não está conforme à Constituição.

Segundo o Conselho Nacional de Saúde poderiam ter sido destinados numerários, e não o foram, para reduzir o impacto negativo da pandemia sobre o nível da atividade econômica e para evitar contágios e mortes por Covid-19, pois poucos recursos foram utilizados até o final do ano de 2020[34].

A comprovar tal conclusão, verifica-se que, de 24 bilhões disponíveis no orçamento para compra de vacinas, apenas 2 bilhões foram gastos em 2020[35]. Tão grave quanto, foi o corte de financiamento aos Estados de leitos de UTI para atendimento de

[34] Em: http://conselho.saude.gov.br/images/comissoes/cofin/boletim/Boletim_2020_1231_Tab1-4_Graf1_ate_20_RB-FF-CO.pdf

[35] Folha de S. Paulo de 1° de março, p. A13.

25

pacientes com Covid-19, que o STF mandou fosse tal repasse realizado[36].

Em contrapartida, todavia, de forma inútil, em 13 de janeiro de 2021, o Ministério da Saúde lança o aplicativo Tratecov para "auxiliar os profissionais de saúde na coleta de sintomas e sinais de pacientes visando aprimorar e agilizar os diagnósticos da Covid-19" e escolhe Manaus para a sua "estreia". O usuário cadastra sintomas e comorbidades do paciente e a plataforma sugere a prescrição de medicamentos como hidroxicloroquina, cloroquina, ivermectina, azitromicina e doxiciclina[37].

A Secretaria de Comunicação Social do Supremo Tribunal Federal esclarece não ser verdadeira a afirmação que circula em redes sociais de que a Corte proibiu o governo federal de agir no enfrentamento da pandemia da Covid-19. Na verdade, o Plenário decidiu, no início da pandemia, em 2020, que União, estados, Distrito Federal e municípios têm competência concorrente na área da saúde pública para realizar ações de mitigação dos impactos do novo coronavírus. Esse entendimento foi reafirmado pelos ministros do STF em diversas ocasiões. Ou seja, conforme as decisões, é responsabilidade de todos os entes da federação adotarem medidas em benefício da população brasileira no que se refere à pandemia[38].

Em 19/03/21, o Presidente da República, diretamente, e não por meio do Advogado Geral da União, propôs ADI, com pedido de medida liminar para suspender os decretos da Bahia, do Distrito Federal e do Rio Grande do Sul que estabelecem medidas

[36] Estado de S. Paulo, 1. de março, p. A12.
[37] Em: https://portal.cfm.org.br/wp-content/uploads/2021/01/Nota-aplicativo-TrateCov-21.01.2021-1.pdf
[38] Ver portal: http://portal.stf.jus.br/noticias

fls. 26

restritivas no combate à pandemia, como o fechamento de atividades não essenciais e o toque de recolher noturno. A Ação judicial foi considerada inepta.

Em 31/03/21, em carta aberta aos Presidentes da República, do Senado e da Câmara, e ao Ministro da Saúde, o CNS sustenta: "o orçamento destinado ao financiamento das ações e serviços de saúde para o ano de 2021, aprovado em março, é incompatível com os seus custos mínimos, ainda mais ao se considerar o crescimento exponencial da pandemia da Covid-19.[39]

4 - MEDICAMENTOS SEM EFICÁCIA COMPROVADA

O uso de medicamentos sem eficácia comprovada, como a cloroquina, a hidroxicloroquina e ivermectina, como forma de "tratamento precoce" em pacientes diagnosticados com Covid-19 foi insistentemente divulgado e estimulado pelo Governo Federal, transformando-se em uma de suas principais bandeiras na gestão da pandemia.

O Presidente da República Jair Messias Bolsonaro, em inúmeras e repetidas declarações, não só defendeu, como fortemente incentivou a população a aderir ao tratamento precoce contra a Covid-19 com a utilização de cloroquina e outros medicamentos sem eficácia comprovada, mesmo após diversos órgãos nacionais e internacionais de saúde, centros de pesquisa e agências de

[39] Em: http://conselho.saude.gov.br/ultimas-noticias-cns/1676-carta-aberta-do-cns-as-autoridades-do-legislativo-e-executivo-sobre-a-incompatibilidade-do-orcamento-do-sus-em-2021

27

controle sanitário ao redor do mundo terem rechaçado o uso dessas substâncias no tratamento do novo coronavírus.

A Organização Mundial da Saúde, em maio de 2020, já havia anunciado a suspensão temporária dos estudos clínicos internacionais com hidroxicloroquina[40], e, no mês seguinte, interrompeu definitivamente os testes com hidroxicloroquina para tratamento da Covid-19[41].

A Organização Mundial da Saúde refutou o uso da hidroxicloroquina e da cloroquina em pacientes acometidos pelo vírus, por não ter sido constatado benefício em sua utilização, bem como por ainda haver riscos de efeitos colaterais[42]. A agência americana FDA também revogou o uso dessas substâncias, em junho de 2020, afirmando ser improvável que elas sejam eficazes no tratamento da Covid-19[43].

Da mesma forma, a OMS e a OPAS, desde o primeiro semestre do ano passado, "não recomendam o uso de ivermectina para quaisquer outros propósitos diferentes daqueles para os quais seu uso está devidamente autorizado, como para tratamento de oncocercose e sarna", uma vez que a revisão de estudos empíricos "identificou incerteza nos benefícios e danos potenciais" em sua utilização[44].

Não obstante a ausência de comprovação da eficácia desses medicamentos no tratamento da Covid-19, o Governo Federal, ao longo de toda a pandemia, por meio de atos normativos, atos de

---

40 Em: https://brasil.elpais.com/ciencia/2020-05-25/o-que-fez-a-oms-suspender-os-ensaios-com-a-hidroxicloroquina.html

41 Em: https://exame.com/ciencia/oms-suspende-em-definitivo-os-testes-com-hidroxicloroquina/

42 Em: https://www.paho.org/pt/covid19#cloroquina-hidroxicloroquina

43 Em: https://www.fda.gov/news-events/press-announcements/coronavirus-covid-19-update-fda-revokes-emergency-use-authorization-chloroquine-and

44 Em: https://www.paho.org/pt/covid19#cloroquina-hidroxicloroquina

Fl. 28

governo e atos de propaganda, incentivou a ampla utilização da cloroquina, hidroxicloroquina e ivermectina pela população brasileira.

Em 20/03/20, a Resolução de Diretoria Colegiada (RDC) 354 da ANVISA excluiu a obrigatoriedade de receita médica especial para medicamentos à base de cloroquina e hidroxicloroquina distribuídos pelos programas governamentais.

Em 16/04/20, o Presidente da República demitiu o Ministro da Saúde Luiz Henrique Mandetta, sobretudo em razão da discordância do Ministro em relação ao tratamento precoce com a cloroquina. Em livro publicado em setembro de 2020, Mandetta denunciou a existência de um gabinete paralelo ou gabinete sombra, ou seja, um grupo extraoficial que, desde o final de março, assessorava o Presidente da República acerca das ações a serem tomadas pelo governo no enfrentamento do coronavírus, em contraposição às estratégias definidas pelo Ministério da Saúde:

> "O Palácio do Planalto passou a ser frequentado por médicos bolsonaristas. (...). Ele queria no seu entorno pessoas que dissessem aquilo que ele queria escutar"[45].

Em depoimento à CPI, o sr. Mandetta também confirmou a existência desse gabinete paralelo. Outrossim, revelou que auxiliares de Jair Bolsonaro se reuniram no Palácio do Planalto para discutir a alteração da bula da cloroquina por meio de um

[45] MANDETTA, Luiz Henrique. *Um paciente chamado Brasil: os bastidores da luta contra o coronavírus*. Rio de Janeiro: Objetiva, 2020, p. 144-145.

29

decreto, incluindo o tratamento da Covid-19 como uma das indicações de uso do medicamento.[46]

Vídeo divulgado pelo site Metrópoles mostra uma reunião, em setembro de 2020, entre Jair Bolsonaro e defensores do tratamento precoce: Osmar Terra, Paolo Zanotto, Nise Yamaguchi e Antônio Jordão, reforçando a existência de um gabinete paralelo de aconselhamento do Presidente.[47]

O Ministro Nelson Teich, em depoimento à CPI, admitiu que deixou a pasta da Saúde por falta de autonomia e por divergências quanto ao tratamento precoce com cloroquina, defendida exaustivamente pelo Presidente.[48]

Em 20/05/20, o Ministério da Saúde, logo no início da gestão do Ministro Eduardo Pazuello, publicou "Orientações do Ministério da Saúde para tratamento medicamentoso precoce de pacientes com diagnóstico da Covid-19", que passou a autorizar e orientar a prescrição de cloroquina e de hidroxicloroquina para tratar sintomas leves da doença, além de ampliar seu uso para qualquer paciente infectado.

O Conselho Nacional de Saúde, no dia seguinte, em nota pública, alertou sobre os riscos da utilização desses medicamentos, destacando que: "pesquisas vêm demonstrando o surgimento de graves e fatais efeitos indesejáveis, incluindo problemas cardíacos"[49]. Advertiu ainda que "o uso desses medicamentos como prevenção e nos casos leves da Covid-19 em

[46] Em: https://www12.senado.leg.br/noticias/materias/2021/05/28/mandetta-revela-gabinete-paralelo-e-tentativa-de-mudar-bula-da-cloroquina

[47] Em: https://www.metropoles.com/brasil/exclusivo-videos-mostram-ministerio-paralelo-orientando-bolsonaro-contra-vacinas

[48] Em: https://www12.senado.leg.br/noticias

[49] Em: http://conselho.saude.gov.br/ultimas-noticias-cns

30

ambiente ambulatorial, ou seja, quando o paciente leva o medicamento e se trata na sua casa, pode levar a situações em que, caso desenvolva um efeito colateral grave, o paciente não tenha tempo de ser devidamente atendido, podendo evoluir para um óbito que seria evitado sem o uso do medicamento."[50]

O Conselho Nacional de Secretários de Saúde (CONASS), ainda no dia 20/05/20, também lançou nota oficial alertando para a inexistência de comprovação científica sobre a eficácia da cloroquina no tratamento da Covid-19[51].

Em 30/07/20, o Ministério da Saúde, por meio da Nota 17, ampliou a orientação de prescrição de cloroquina e hidroxicloroquina para pacientes grávidas.

Em 13/01/21, como já referido, o Ministério da Saúde lançou o aplicativo Tratecov, no qual o usuário cadastra sintomas e comorbidades do paciente e a plataforma sugere a prescrição de medicamentos como hidroxicloroquina, cloroquina, ivermectina, azitromicina e doxiciclina.

Paralelamente às notas e orientações do Ministério da Saúde, ampliando o uso de cloroquina e hidroxicloroquina no tratamento precoce da Covid-19, o Presidente Bolsonaro fez, ao longo de 2020 e 2021, ampla e reiterada propaganda desses medicamentos durante suas "lives", participações em eventos e manifestações.

Em 08/04/20, o sr. Presidente da República publicou no *Twitter*:

[50] Em: http://conselho.saude.gov.br/ultimas-noticias-cns
[51] Em: https://www.conass.org.br/nota-oficial-sobre-o-documento-intitulado-orientacoes-do-ministerio-da-saude-para-tratamento-medicamentoso-precoce

31

> "Há 40 dias venho falando do uso da hidroxicloroquina no tratamento do Covid-19. Cada vez mais o uso da cloroquina se apresenta como algo eficaz"[52].

Em 14/05/20, dias antes da publicação da nova Orientação do Ministério da Saúde, o Presidente afirmou em videoconferência promovida pela FIESP, com quase quinhentos empresários:

> "Estou exigindo a questão da cloroquina agora também. Se o Conselho Federal de Medicina decidiu que pode usar cloroquina desde os primeiros sintomas, por que o governo federal, via ministro da Saúde, vai dizer que é só em caso grave? Eu sou comandante, Presidente da República, para decidir, para chegar para qualquer ministro e falar o que está acontecendo. E a regra é essa, o norte é esse".[53]

Em discurso no evento "Brasil vencendo a Covid-19", o Presidente da República afirmou:

> "[...] Alguns mudam de médico, eu mudei de ministro. Entrou o [Nelson] Teich e ficou trinta dias, depois, para não ter mais uma mudança, deixei um interino, o Eduardo Pazuello. [...] O Pazuello resolveu mudar a orientação e botou ali 'em qualquer situação, receitar-se a cloroquina', de modo que o médico pudesse ter a sua liberdade". Afirmou que mais de dez ministros

[52] "Bolsonaro reforça a eficácia da cloroquina e alfineta governo Doria", R7. Em: https://noticias.r7.com/brasil/bolsonaro-reforca-a-eficacia-da-cloroquina-e-alfineta-governo-doria-08042020

[53] "Bolsonaro 'exige' que ministro da Saúde recomende a cloroquina", Valor Econômico. Em: https://valor.globo.com/politica/noticia/2020/05/14/bolsonaro-exige-que-ministro-da-sade-recomende-a-cloroquina.ghtml

32

> trataram-se com a medicação e "nenhum foi hospitalizado. Então, está dando certo".[54]

Em 16/09/20, em seu discurso de posse como Ministro da Saúde, Eduardo Pazuello disse:

> "O tratamento precoce salva vidas. Por isso, temos falado dia após dia, 'não fique em casa', receba o diagnóstico clínico do médico. Receba o tratamento precoce".[55]

No mesmo evento, o Presidente da República também discursou: "Hoje, estudos já demonstram que por volta de 30% das mortes poderiam ser evitadas, caso, de forma precoce, fosse ministrada a hidroxicloroquina".

Em 24/10/20, em frente ao Palácio da Alvorada, o Presidente disse a visitantes franceses: "No Brasil, tomando a cloroquina no início dos sintomas, **100% de cura**"[56].

Dois dias depois, o Presidente insistiu novamente na propaganda do tratamento precoce, ao tempo em que questionou a corrida pela vacina:

[54] "Discurso do Presidente da República, Jair Bolsonaro, durante o encontro 'Brasil vencendo a Covid-19'", Planalto. Em: https://www.gov.br/planalto/pt-br/acompanhe-o-planalto/discursos/2020/discurso-do-presidente-da-republica-jair-bolsonaro-durante-o-encontro-brasil-vencendo-a-covid-19-palacio-do-planalto

[55] "'Tratamento precoce da Covid-19 salva vidas', diz Eduardo Pazuello ao assumir Ministério da Saúde", Jovem Pan. Em: https://jovempan.com.br/noticias/brasil/tratamento-precoce-salva-vidas-diz-eduardo-pazuello-ao-assumir-ministerio-da-saude.html. Em outra oportunidade, o Ministro Pazuello fez a seguinte afirmação sobre o tratamento precoce: "Se mostrou eficaz em todas as cidades e estados do Brasil. O diagnóstico clínico e o tratamento o mais rápido possível a partir do diagnóstico do médico e esses medicamentos têm que estar disponíveis na rede pública para que todos os brasileiros possam receber e iniciar o seu tratamento (...) ("Live" com o Presidente Jair Bolsonaro em 14/01/21. Em: https://fb.watch/5VTJS1b84o/).

[56] "Bolsonaro a franceses, em Brasília: 'No Brasil, cloroquina tem 100% de cura'", Estado de Minas. Em:https://www.em.com.br/app/noticia/politica/2020/10/24/interna_politica,1197790/bolsonaro-a-franceses-em-brasilia-brasil-cloroquina-tem-100-cura.shtml

33

> "Não é mais barato nem fácil investir na cura do que até na vacina ou jogar nas duas? Mas também não esquecer a cura. A cura aí… Eu, por exemplo, sou um testemunho. Eu tomei a **hidroxicloroquina**, outros tomaram a **ivermectina**, outros tomaram **Annita**… E deu certo. E, pelo que tudo indica, **todo mundo que tratou precocemente com uma dessas três alternativas aí foi curado**".[57]

Em 05/01/21, de maneira ainda mais enfática e mentindo sobre a inexistência de efeitos colaterais, o Presidente proclamou:

> "**Se um médico não receitar o tratamento precoce, procure outro médico. Não tem efeito colateral**".[58]

Em 28/02/21, em "live" semanal, o Presidente afirmou: aqui eu quero receitar para você o medicamento que é usado para combater a malária, não pra Covid, mas temos aqui observado que hidroxicloroquina diminui a carga viral, os efeitos colaterais são esses, não tem arritmia"[59].

Em maio de 2021, em "live" semanal, o Presidente ainda continuava a insistir com a propaganda da cloroquina para tratamento de Covid-19:

---

[57] "'Não sei por que correr', diz Bolsonaro sobre vacina contra a Covid-19", UOL. Em: https://noticias.uol.com.br/saude/ultimas-noticias/redacao/2020/10/26/bolsonaro-volta-a-falar-em-cautela-para-adquirir-vacina.htm

[58] "Bolsonaro diz que governo fez a sua parte na crise em Manaus", R7. Em: https://noticias.r7.com/brasil/bolsonaro-diz- que-governo-fez-a-sua-parte-na-crise-em-manaus-15012021

[59] "Presidente Jair Bolsonaro - "Live da Semana (28/01/2021)". Em: https://www.youtube.com/watch?v=SNLP3GJD-mc

Fls. 34

> "**Eu não vou falar aquilo que eu tomei lá no Brasil se não vão me cortar o sinal da internet, mas vocês sabem o que eu tomei**. (..) Eu tive os sintomas há um mês atrás mais ou menos, sintomas iguaizinhos o que eu tive na primeira vez que fui infectado. O que que eu fiz? Tomei aquilo e ponto final. (...) o que eu tomei, o pessoal toma aqui direto na Amazônia, sem receita médica, toma para combater o que? A malária. O cara foi acometido de malária, pega aqueles comprimidos, **aquele que eu mostrei para a ema** e toma para a malária"[60].

Esses são apenas alguns exemplos das inúmeras manifestações feitas pelo Presidente Bolsonaro, também reforçadas pelo Ministro Pazuello, a favor da ampla e irrestrita utilização de cloroquina, hidroxicloroquina e ivermectina no tratamento precoce da Covid-19.

Em sentido diametralmente contrário aos posicionamentos dos principais centros de pesquisa e de saúde nacionais e internacionais e da OMS[61], que rechaçam veementemente a utilização desses medicamentos para o tratamento da Covid-19 e ainda alertam para os graves riscos dos seus efeitos colaterais, a incluir arritmias e outros problemas cardíacos, o Presidente conclama a população, a todo tempo, a utilizar substâncias sem eficácia comprovada.

Dessa forma, coloca em risco a saúde de todos os brasileiros, agindo com total indiferença em relação ao possível resultado

[60] "Live 27/05/21 PEF Maturacá/AM": https://www.youtube.com/watch?v=XWYTur5g-u0

[61] A demonstrar a desaprovação da comunidade médica e científica internacional quanto ao uso de cloroquina e hidroxicloroquina no tratamento da Covid-19, vale recordar que, em setembro de 2020, o médico francês Didier Raoult, defensor da hidroxicloroquina, foi denunciado pela Sociedade de Patologia Infecciosa de Língua Francesa, por promoção indevida do medicamento Em: https://g1.globo.com/mundo/noticia/2020/09/03/medico-defensor-da-hidroxicloroquina-e-denunciado-na-franca.ghtml

35

danoso que pode advir da utilização desses medicamentos pela população, que, além de estar sujeita ao desenvolvimento de efeitos colaterais sérios, pode apresentar um agravamento do quadro da Covid-19 por ineficácia do tratamento recebido.

Também a revelar o **desprezo pela saúde dos brasileiros**, o Presidente, ao promover a cloroquina como suposta cura para a Covid-19, desincentiva a população a tomar as devidas medidas de prevenção, como o isolamento social e o uso de máscaras, pois bastaria, pelo seu discurso ilusório, a utilização do medicamento para combater a doença.

5 - MANAUS: UM CASO EXEMPLAR DO DESPREZO À VIDA

Exemplo trágico e notório de tudo quanto foi relatado anteriormente refere-se, indubitavelmente, ao ocorrido em Manaus no início de 2021.

A cidade de Manaus foi palco de experiências e projetos absolutamente desastrosos e maléficos à saúde da população, conduzidos pelo Governo Federal, ao arrepio das evidências científicas e das recomendações dos pesquisadores e profissionais da saúde.

Verificou-se em Manaus uma elevada taxa de contaminação e internação da população com Covid-19, propulsionada, entre outros fatores, pela defesa da tese da imunidade de rebanho. Outrossim, **promoveu-se ampla e indiscriminadamente o tratamento precoce com medicamentos sem eficácia** comprovada, como suposta forma de evitar o colapso de saúde na cidade. Ambas as políticas, imunidade de rebanho e tratamento precoce, como se

36

examinou anteriormente, foram insistentemente defendidas pelo Presidente Bolsonaro ao longo da pandemia.

A situação caótica e trágica de Manaus, que culminou com o **desabastecimento de oxigênio nos hospitais e com a morte de dezenas de pessoas** sem atendimento e asfixiadas.

O desprezo pela saúde e pela vida dos brasileiros amazonenses está claramente caracterizado. A adoção de um tratamento precoce ineficaz como política de saúde pública pelo Governo Federal[62], em detrimento da implementação de medidas de prevenção e da garantia de fornecimento de equipamentos e insumos necessários à assistência dos doentes, contribuiu para o colapso do sistema de saúde presenciado no estado.

A participação do sr. Presidente da República Jair Messias Bolsonaro na condução de atos que resultou nesse cenário caótico também está comprovada pelas provas produzidas na CPI. Em depoimento, o Ministro da Saúde Eduardo Pazuello[63] admitiu a

[62] Em entrevista à Jovem Pan, no dia 17 de janeiro, o Presidente afirmou: "O caso de Manaus. Semana passada a temperatura subiu em Manaus e os problemas começaram a aparecer, conversei com o ministro Pazuello e ele na segunda de manhã foi para Manaus e por lá permaneceu por 3 dias, não só tomou pé da situação caótica que se encontrava ali na capital, bem como tomou providências a respeito (...) **ele imediatamente adotou o tratamento precoce do Covid, que é hidroxicloroquina, que é ivermectina, que é anita, azitromicina, entre outras coisas**. (...). Não tem efeito colateral nenhum a questão da hidroxicloroquina (...). Olha o que está acontecendo em Manaus? O Pazuello chegou lá, o nosso ministro da saúde e interviu rapidamente e **determinou o tratamento precoce**" (Entrevista ao Programa "Pingos nos is", Jovem Pan. Em https://www.youtube.com/watch?v=JSmTzQearO8). Em 04 de janeiro de 2021, Mayra Pinheiro, diretora da Secretaria de Gestão do Trabalho e da Educação na Saúde do Ministério da Saúde, foi para Manaus como representante do Ministério da Saúde. Em reunião com o Governador do Estado do Amazonas, com o Secretário Estadual de Saúde e com a imprensa, Mayra enfatizou a necessidade do tratamento precoce, bem como falou sobre o sistema "TrateCov" (conforme depoimento de Marcellus Campêlo, Secretário da Saúde no Amazonas). O "TrateCov", como já mencionado acima, refere-se ao aplicativo no qual o usuário cadastra os sintomas e comorbidades do paciente e o sistema apresenta um diagnóstico, bem como sugere medicamentos sem eficácia comprovada para o tratamento, como cloroquina, hidroxicloroquina e ivermectina. O aplicativo foi lançado no dia 11 de janeiro, em Manaus, com a presença do Ministro da Saúde Eduardo Pazuello ("Amazonas recebe projeto-teste de aplicativo para diagnóstico rápido da Covid-19").

[63] Depoimento de Eduardo Pazuello à CPI da Pandemia, em 20.05.21. Íntegra do depoimento encontra-se no site do Senado Federal, em link indicado ao final da petição.

participação de Jair Bolsonaro na reunião ministerial que decidiu pela não intervenção federal no Amazonas, não obstante a crise da falta de oxigênio no estado, em janeiro deste ano:

> "**O SR. RANDOLFE RODRIGUES** (Bloco Parlamentar Senado Independente/REDE - AP) - Só para retomar a pergunta aqui feita pelo Senador Eduardo Braga, ainda sobre isso. O Senador Eduardo protocolou para o senhor um pedido de intervenção federal na saúde do Amazonas.
>
> **O SR. EDUARDO PAZUELLO** - Pois não.
>
> **O SR. RANDOLFE RODRIGUES** (Bloco Parlamentar Senado Independente/REDE - AP) - O senhor falou aqui que ela não foi acatada por decisão da reunião...
>
> **O SR. EDUARDO PAZUELLO** - Da reunião interministerial, onde o Governador foi chamado, apresentou a sua posição...
>
> **O SR. RANDOLFE RODRIGUES** (Bloco Parlamentar Senado Independente/REDE - AP) - Perfeito.
>
> **O SR. EDUARDO PAZUELLO** - ... e houve uma decisão, nessa reunião, de que não seria feita a intervenção.
>
> **O SR. RANDOLFE RODRIGUES** (Bloco Parlamentar Senado Independente/REDE - AP) - Me diga uma coisa: à luz da Constituição, quem é que decide intervenção? São os Ministros ou o Presidente da República?
>
> **O SR. EDUARDO PAZUELLO** - Não, **o Presidente da República estava presente**.
>
> **O SR. RANDOLFE RODRIGUES** (Bloco Parlamentar Senado Independente/REDE - AP) - Ah, ele estava presente?
>
> **O SR. EDUARDO PAZUELLO** - Estava, claro.
>
> **O SR. RANDOLFE RODRIGUES** (Bloco Parlamentar Senado Independente/REDE - AP) - Então, ele decidiu? Senador Eduardo... Então, ele decidiu que não tinha que intervir na saúde do Amazonas?
>
> **O SR. EDUARDO PAZUELLO** - Essa decisão foi feita nessa reunião".

38

De meados do segundo semestre de 2020 ao final do ano, o cenário epidemiológico de Manaus agravou-se com extrema rapidez e o Ministério da Saúde tinha conhecimento do recrudescimento de infectados e mortes em Manaus desde setembro de 2020, como indicam os ofícios citados e reforçados pelos depoimentos prestados à CPI.

Marcellus Campelo, ao depor perante a Comissão Parlamentar de Inquérito do Senado Federal que investigou a condução da pandemia pelo governo[64], afirmou ter solicitado ao Ministério da Saúde, desde o início de plano de contingência, respiradores, monitores e bombas de infusão para a ampliação de leitos de UTI no Estado. Além disso, relata que em 31 de dezembro de 2020, face ao crescimento excepcional do número de casos, autoridades do Governo estadual enviaram ofício ao Ministério da Saúde solicitando a presença da Força Nacional de Saúde e o apoio ostensivo do Ministério da Saúde. Ainda segundo o depoente, por conta dessas solicitações, o Ministério da Saúde pediu esclarecimentos ao governo estadual, e resolveu, no dia 31 de dezembro, enviar uma equipe até Manaus para avaliar a situação pessoalmente. As afirmações foram corroboradas pelo depoimento de Eduardo Pazuello, que afirmou considerar, em 06 de janeiro de 2021, Manaus a cidade onde a contaminação do Covid-19 estava mais acelerada.

Devido a aglomerações sucessivas ocorridas em especial no mês de setembro, houve um aumento significativo do número de infectados e de internações, tanto em hospitais públicos como em

[64] Depoimento de Marcellus Campelo, realizado no dia 15 de junho de 2021. Em: https://www12.senado.leg.br/multimidia/eventos/2021/06/155

39

hospitais particulares, que geraram um início de colapso no sistema de saúde estadual como um todo e em Manaus em particular. Foi então elaborado um plano de contingência, para o qual se solicitou formalmente o apoio do Ministério da Saúde. O apoio foi formalizado por meio de ofício, enviado ao Ministério da Saúde, no qual foi solicitado diversas assistências em matéria de recursos humanos, medicamentos e equipamentos.

A solução adotada pelo Governo Federal para responder à grave crise de Manaus foi a disseminação da ideia de um "tratamento precoce" da doença, pela utilização de medicamentos sem comprovação científica para tal finalidade (também chamado de "*kit covid*") aliada a um sistema informatizado que auxiliaria profissionais de saúde na realização de diagnóstico precoce e posterior indicação do uso do "kit covid", A plataforma é denominada "TrateCov", naquele instante de ineficácia certa conforme a OMS, a Organização Pan-americana de Saúde, o Conass e entidades médicas de elevado conceito.

Verifica-se, portanto, que as políticas ineficazes e desastrosas defendidas e adotadas pelo sr. Presidente Jair Bolsonaro, bem como a sua decisão de não intervir no Amazonas, durante a gravíssima crise de falta de oxigênio no estado, reforçam a demonstração de seu absoluto descaso com a saúde e com a vida dos brasileiros.

6 - DESASSISTÊNCIA DOS POVOS INDÍGENAS

O atendimento adequado das populações indígenas durante todo o período da pandemia foi deliberadamente <u>ignorado</u> por todas as instâncias do governo, como parte de toda uma política de ataque

40

àquelas populações com o intuito de removê-las das terras por elas tradicionalmente ocupadas, ou forçá-las à aculturação, ou simplesmente exterminá-las a fim de promover a entrega da Amazônia aos interesses privados.

A gravidade e a extensão das omissões do governo brasileiro para com os povos indígenas brasileiros ao longo da pandemia de Covid-19 estão bem documentadas por meio de uma multiplicidade de documentos reunidos pela Comissão Parlamentar de Inquérito do Senado Federal que investiga a condução da pandemia pelo governo.

A exemplo, em 16/06/20, em razão da especial situação de vulnerabilidade das populações indígenas, o Ministério da Saúde apresentou o "Plano de contingência nacional para infecção humana pelo novo coronavírus (Covid-19) em povos indígenas".[65] No entanto, seguindo o padrão de regulação genérica das medidas sanitárias para enfrentamento da pandemia, o Plano deixa de indicar medidas concretas e cronograma de ações. Chama atenção, ainda, o fato de o projeto não contar com a colaboração das comunidades, e o Poder Judiciário ter obrigado a intervir para obrigar o Poder Executivo adotar medidas factíveis.

Nesse sentido, o Supremo Tribunal Federal, já em 08/07/20, deferiu liminar para determinar, p. ex., a criação de sala de situação, barreiras sanitárias, plano de enfrentamento da Covid-19, contenção de invasores e acessibilidade à saúde própria ou diferenciada caso fossem disponibilizadas vagas no SUS, conforme ementa:

---

[65] Ministério da Saude. Plano de contingência nacional para infecção humana pelo novo coronavírus (Covid-19) em povos indígenas, Brasília 16/06/20. Em: https://docs.bvsalud.org/biblioref/2020/04/1095139/plano_de_contingencia_da_saude_indigena_preliminar.pdf.

41

"DIREITO CONSTITUCIONAL E SANITÁRIO. PLANO GERAL DE ENFRENTAMENTO E MONITORAMENTO DA COVID-19 PARA POVOS INDÍGENAS. NÃO HOMOLOGAÇÃO.

1. A presente ação trata de duas situações distintas pertinentes à pandemia por COVID-19: (i) a adoção de medidas de proteção e promoção da saúde dos Povos Indígenas Isolados e de Recente Contato, bem como (ii) de medidas voltadas à saúde dos Povos Indígenas em geral. No que se refere aos primeiros, postulou-se a elaboração e implementação de um Plano de Barreiras Sanitárias, ao passo que para os últimos requereu-se o desenvolvimento do Plano Geral de Enfrentamento e Monitoramento da COVID-19 para Povos Indígenas. Quanto ao Plano de Barreiras Sanitárias e sua implementação houve avanços efetivos. Entretanto, o mesmo não está ocorrendo com relação ao Plano Geral.

2. A segunda versão do Plano Geral deixa de dispor, com objetividade e detalhamento adequados, sobre as ações a serem implementadas, metas, critérios, indicadores e cronograma de execução, silenciando, ainda, sobre um conjunto de matérias essenciais, já anteriormente apontadas. O documento é, ainda, genérico e vago, o que inviabiliza o monitoramento da sua implementação. Convergência das manifestações de ABRASCO, FIOCRUZ, APIB, PGR, DPU e CNJ em tal sentido. Não homologação do Plano Geral.

3. A questão indígena, na estrutura organizacional do Estado brasileiro, insere- se predominantemente no âmbito da autoridade do Ministério da Justiça e Segurança Pública e, residualmente, em virtude da matéria, na competência do Ministério da Saúde.

4. Determinação de elaboração de novo Plano Geral, sob a coordenação do Ministério da Justiça e Segurança Pública, com a participação do Ministério da Saúde, da FUNAI e da SESAI, sem prejuízo da participação do Ministério da Mulher,

42

> da Família e dos Direitos Humanos ou continuidade das ações em curso e das demais indicadas na decisão."[66]

Ocorre que a determinação do Supremo Tribunal Federal foi reiterada e deliberadamente descumprida, derivando demandas junto à Comissão Interamericana de Direitos Humanos (CIDH) e outras ações na própria Suprema Corte.

No mesmo mês de março de 2020, a FUNAI publicou a Portaria 419 que autoriza a realização de atividades em comunidades indígenas isoladas. A abertura das comunidades isoladas para contato externo durante a pandemia fez com que o MPF apontasse que a tomada de decisões de grupos sem capacidade legal e técnica agravaria a exposição dos povos originários à Covid-19, grupos com pouca ou nenhuma capacidade de resposta imunológica ao vírus. Em razão do questionamento, a referida Portaria foi modificada - "art. 4° - Ficam suspensas todas as atividades que impliquem o contato com comunidades indígenas isoladas. Parágrafo Único. O comando do *caput* pode ser excepcionado caso a atividade seja essencial à sobrevivência do grupo isolado, conforme análise feita pela Coordenação-Geral de Índios Isolados e de Recente Contato da FUNAI." (Portaria 435, 20/03/20).

No entanto, a Mensagem 378 da Presidência da República <u>vetou</u>, em 07/07/20, catorze dispositivos da Lei 14.021/20. A referida Lei determinava medidas de proteção para comunidades indígenas durante a pandemia de Covid-19, tais como o acesso com urgência a seis serviços gratuitos e periódicos (água potável, materiais de higiene e limpeza, leitos hospitalares e de UTI, ventiladores

[66] STF, ADPF 709, Rel. Min. Luís Roberto Barroso, Medida Cautelar, j. 08/07/2020.

43

e máquinas de oxigenação sanguínea, materiais informativos sobre a Covid- 19 e internet nas aldeias); a obrigação da União de distribuir alimentos durante a pandemia, na forma de cestas básicas, sementes e ferramentas agrícolas; a extensão a quilombolas, pescadores artesanais e demais povos tradicionais das medidas previstas no plano emergencial; a dotação orçamentária emergencial específica para garantir a saúde indígena; e a criação de um mecanismo de financiamento específico para governos estaduais e prefeituras. Em 19/08/20, o Congresso Nacional derrubou o veto, mantendo os dispositivos na lei.

Em razão da propositada desproteção material às comunidades, em 20/07/20 a Comissão Interamericana de Direitos Humanos (CIDH) defere medidas cautelares em favor dos povos Yanomami e Ye'kwana. A Resolução 35/20 solicita que o Brasil adote efetivas medidas para proteger os direitos à saúde, à vida e à integridade pessoal dos povos Yanomami e Ye'kwana, considerando sua situação grave e urgente e que seus direitos correm risco de danos irreparáveis. Segundo o pedido formulado pela Associação Hutukara Yanomami e pelo Conselho Nacional de Direitos Humanos, as pessoas beneficiárias estariam em especial situação de risco em razão da sua particular suscetibilidade a doenças respiratórias e o rápido crescimento de contágios no seu território. Ademais, apontam falhas significativas no sistema de saúde para a população indígena, agudizadas pela pandemia; a presença ilegal de cerca de 20 mil garimpeiros no território, fomentando o fluxo do vírus das comunidades urbanas; a contaminação da população pelo mercúrio; e, finalmente, os atos de violência de garimpeiros contra a população indígena, principalmente suas lideranças.

44

A CIDH indicou a urgência de o Governo brasileiro implementar medidas preventivas contra a disseminação da Covid-19 e fornecer a assistência médica adequada de acordo com os parâmetros internacionais aplicáveis. Solicitou, igualmente, que o Estado brasileiro acordasse com as pessoas beneficiárias e seus representantes as medidas e que informasse as ações adotadas.[67]

Todavia, a exposição dos povos originários foi mantida em tal nível que no mesmo mês de julho a imprensa divulga que mulheres de militares teriam realizado uma "ação social" na Terras Yanomamis.

A ação social consistiu, dentre outras, em realizar o "embelezamento" das mulheres indígenas com maquiagem no rosto, pintura de unhas e distribuição de roupas para famílias que vivem seminuas por costume e tradição. Além disso, foi divulgado o estímulo à aglomeração de crianças, sem máscaras, em atividades de "recreação" e de distribuição de doces. Junior Hekurari Yanomâmi, Presidente do Conselho Distrital de Saúde Yanomami, declarou "Isso que fizeram foi um desrespeito total. Essa doação de roupas... O povo ianomâmi não é mendigo. Pula-pula? Não precisamos de pula-pula. Provocaram aglomeração! A ação do governo foi muito errada."[68]

Em 14/12/20, a CIDH manifesta-se novamente através da Resolução 94/20, neste momento emitindo medidas cautelares de proteção ao Povo Indígena Munduruku. Conforme informações prestadas pelo Estado brasileiro, até 22/08/20 mais de 10% da

[67] OEA; CIDH. CIDH emite medidas cautelares em favor dos membros dos povos indígenas Yanomami e Ye'kwana, Washington, 20/06/20. Em https://www.oas.org/pt/cidh/prensa/notas/2020/168.asp.

[68] Valente, Rubens. "Mulheres de militares maquiam, dão roupas e causam aglomeração de ianomâmis". In: UOL, 17/07/20. Em https://noticias.uol.com.br/colunas/rubens-valente/2020/07/17/militares-coronavirus-indigenas.htm.

45

população da comunidade apresentava diagnóstico positivo para Covid-19 (1.625 casos positivos) e, em setembro de 2020, teria alcançado a segunda maior taxa de incidência da doença, com números de reprodução acima de 1,50, o que significaria alto risco de contaminação. A Comissão observou que os beneficiários estariam em frequente contato com terceiros não autorizados, potenciais vetores da doença. Solicitou, assim, que o Brasil adotasse as medidas necessárias para proteger os direitos à saúde, à vida e à integridade pessoal dos membros do Povo Munduruku, nos termos da Resolução 35/20.[69].

A deliberada omissão em relação aos povos indígenas é comprovada não apenas por um estrangulamento orçamentário do órgão, mas pela inexecução do orçamento a ele destinado. Dados do INESC apontam uma morosidade significativa nos gastos do orçamento, o que é especialmente preocupante no contexto da pandemia[70].

Esse contexto de uma política anti-indígena conduziu o Supremo Tribunal Federal a negar, na ADPF 709, a homologação da terceira versão do "Plano geral de enfrentamento à Covid-19 para povos indígenas", apresentado pelo Governo, mediante a determinação de elaboração de novo documento até o dia 08/01/21. Novamente a crítica foi em relação ao caráter genérico e pouco efetivo das ações governamentais, situação que permitiria avaliar sua suficiência e exequibilidade.

---

[69] OEA; CIDH. CIDH adota medidas cautelares de proteção a favor dos membros do Povo Indígena Munduruku no Brasil, Washington, 14/12/20. Em http://www.oas.org/pt/cidh/prensa/notas/2020/302.asp.

[70] INESC. Balanço Semestral do Orçamento Geral da União. Janeiro/Junho de 2021: https://www.inesc.org.br/wp-content/uploads/2021/07/BGU-1o-Semestre-2021_Versao-Final-1.pdf

46

Nos termos da manifestação do Ministro Luiz Roberto Barroso, "*Impressiona que, após quase 10 meses de pandemia, não tenha a União logrado o mínimo: oferecer um plano com seus elementos essenciais, situação que segue expondo a risco a vida e a saúde dos povos indígenas e que mantém em aberto o cumprimento da cautelar deferida por este Juízo. Sem prejuízo disso, deve a União executar provisoriamente o Plano Geral, tal como se encontra, dado o caráter emergencial, e prosseguir com as ações já em curso, até que concluídos os ajustes ao plano.*"[71]

Ato contínuo, determinou o Ministro a inclusão e implementação de medidas urgentes a serem expostas na quarta versão do plano, especificamente:

> "(i) *quanto ao fornecimento de cestas alimentares*: indicar detalhadamente os critérios de vulnerabilidade para seleção e fornecimento, total de famílias atendidas e onde estão localizadas (qual terra indígena), quantidade de cestas por família, composição e periodicidade de entrega;
>
> (ii) *quanto ao acesso à água em terras indígenas não homologadas*: indicar detalhadamente quais terras serão atendidas por fornecimento de água promovido pelo poder público ou por outras medidas alternativas, quais são essas medidas, quantitativos, qual é o critério de seleção das terras beneficiárias e providenciar fornecimento imediato;
>
> (iii) *quanto ao acesso à água em terras indígenas homologadas*: prever medidas alternativas de acesso à água, explicitando os

[71] STF, ADPF 709, Rel. Min. Luís Roberto Barroso, Medida Cautelar, j. 18/12/2020.

47

mesmos elementos já indicados acima, e assegurar que seja imediato;

(iv) *quanto ao trabalho das equipes e à biossegurança*: (a) detalhar fluxos de material, logística, recursos humanos e demais elementos necessários para testagem de RT-PCR; (b) detalhar força de trabalho e demanda por equipes complementares a serem contratadas; (c) detalhar a função da designada "equipe volante", bem como do geólogo e do engenheiro, cuja contratação foi prevista na meta de assistência; (d) vedar a entrada, em terra indígena, sem prévia realização de RT-PCR, bem como assegurar o isolamento após a realização do RT-PCR e até a entrada em terra indígena; (e) determinar quarentena mínima de 14 dias como condição para entrada de equipes em área de povos indígenas de recente contato;

(v) *quanto ao apoio a barreiras de contenção já existentes organizadas pelos povos indígenas*: incluir o fornecimento de materiais, insumos e equipamentos, conforme documento a ser apresentado pela APIB;

(vi) *quanto à assistência integral e diferenciada*: detalhar ações de saúde, número de equipes atuando e população atendida por região, desde o início da decisão liminar de 08 de julho de 2020, bem como estratégias, déficits e previsão de expansão; assegurar rastreamento, isolamento, descarte de casos, critérios de confirmação, rotinas de investigação de Síndrome Respiratória Aguda Grave (SRAG) e óbito, conforme Nota Técnica FIOCRUZ - ABRASCO, de 18.09.2020; prever a implantação de testes rápidos de detecção de antígenos para casos de pacientes sintomáticos; detalhar Unidades de Atenção Primária Indígena (UAPIs) implementadas, necessidade de cada distrito, equipamentos e insumos, déficits, necessidade de expansão; estabelecer rotinas e fluxos de atendimento

48

> separado nas Casas de Saúde do Índio (CASAIs) para casos de suspeita de contágio de COVID-19 e detalhar oferta e demanda por tais serviços em cada distrito; detalhar e quantificar fluxo de internação, logística e leitos para casos que precisam de unidade de tratamento intensivo (UTIs); prever ações e estrutura de isolamento e distanciamento social para contaminados em todas as localidades;
>
> (vii) todos os dados aludidos acima devem abranger todos os Distritos Sanitários Especiais Indígenas (DSEIs) e, ainda, terras indígenas não homologadas, discriminadamente."[72]

A especificação e discriminação das medidas de urgência decorreu do diagnóstico judicial da profunda desarticulação do Poder Executivo federal nesta área. A rejeição na homologação foi justificada pelo descumprimento, pelo Governo Federal, da decisão proferida agosto, nos autos da mesma ADPF, relativa à preservação e ao isolamento dos povos originários de invasores de terras.

Em meio à discussão do Plano Geral, em 13/01/21, a CIDH emite nova cautelar - Resolução 1/21 - nos termos das duas anteriores, em favor de membros dos povos indígenas Guajajara e Awá da Terra Indígena Araribóia no Brasil. Neste momento, a Comissão amplia sua análise e avalia não apenas o contexto da pandemia, mas a situação histórica de violência contra os integrantes dos povos indígenas Guajajara e Awá.

Para além da informação de que a taxa de contágio era estimada em 50% da população Guajajara, a Comissão registrou que

[72] STF, ADPF 709, Rel. Min. Luís Roberto Barroso, Medida Cautelar, j. 18/12/2020.

49

o Estado brasileiro havia apontado como política de tutela dos povos originários exatamente os Planos apresentados em favor dos povos indígenas. No entanto, da mesma forma como as manifestações do STF, a CIDH advertiu o seu caráter genérico e/ou programático, e que o Estado brasileiro ainda não havia esclarecido como estariam sendo implementados concretamente aquelas diretrizes em favor dos beneficiários.[73]

Em 16/03/21, o Ministro Luís Roberto Barroso homologa parcialmente, manifestando-se no sentido da *precariedade* da quarta versão do plano. Na ementa, o destaque para como as medidas de tutela e a elaboração do Plano de contingência para as comunidades indígenas refletem, de forma ampla, a forma como o Governo Federal administra a <u>crise pandêmica</u> no Brasil:

> "DIREITO À SAÚDE DOS POVOS INDÍGENAS. ARGUIÇÃO DE DESCUMPRIMENTO DE PRECEITO FNDAMENTAL. HOMOLOGAÇÃO PARCIAL DO PLANO GERAL DE ENFRENTAMENTO À COVID-19 PARA POVOS INDÍGENAS. MEDIDAS COMPLEMENTARES.
>
> 1. Dada a necessidade premente de aprovação do Plano Geral de Enfrentamento à COVID-19 para Povos Indígenas, em razão do avanço da pandemia, da grande dificuldade de resposta dos órgãos envolvidos e de seu déficit estrutural, decido: (i) pela homologação parcial do Plano Geral, (ii) pela apresentação, em apartado, de Plano de Isolamento de Invasores, no prazo de 5 dias, (iii) pela apresentação de Plano de Monirotamento, no prazo de 15 dias.
>
> 2. Suspendo a Resolução no 4/2021 da FUNAI, uma vez que, ao impor critérios de heteroidentificação aos povos indígenas, vinculados ao território e a critérios

[73] Já citado OEA; CIDH. A CIDH adota medidas cautelares em favor de membros dos povos indígenas Guajajara e Awá da Terra Indígena Araribóia no Brasil, Washington, 13/01/21.

Fl. 50

> científicos e técnicos que não especifica, viola o art. 231 da Constituição, o art. 1o, 2, da Convenção 169 da OIT e a própria cautelar deferida por este Juízo.
> 3. De resto, o processo constitui, em seu conjunto, um relato histórico de como a pandemia está sendo enfrentada no país em geral e da situação em que se encontra o sistema de saúde indígena."[74]

Em 16/06/21, a quinta versão do Plano Geral e o Plano de Execução e Monitoramento são novamente rejeitados, mantida a quarta versão parcialmente homologada:

> "DIREITOS FUNDAMENTAIS. POVOS INDÍGENAS. ARGUIÇÃO DE DESCUMPRIMENTO DE PRECEITO FUNDAMENTAL. MANUTENÇÃO DA QUARTA VERSÃO DO PLANO GERAL DE ENFRENTAMENTO À COVID-19 PARA POVOS INDÍGENAS.
> 1. A Quinta Versão do Plano Geral de Enfrentamento à COVID-19 para Povos Indígenas, apresentada pela União, se desconecta da versão anterior, homologada pelo Juízo. O mesmo ocorre com o Plano de Governança e Monitoramento apresentado.
> 2. Manutenção da Quarta Versão do Plano Geral, já homologada, com suas condições, de modo a preservar a continuidade evolutiva no debate sobre a matéria. Determinação de que o monitoramento se realize conforme Planilha e Relatório de Monitoramento constantes do anexo à presente decisão, que a integra para todos os fins.
> 3. Rejeição da Quinta Versão do Plano Geral e do Plano de Governança e Monitoramento. 1. Por meio da Petição 43.906/21 (doc. 1038), a União requer a juntada da Quinta Versão do Plano Geral

[74] STF, ADPF 709, Rel. Min. Luís Roberto Barroso, Medida Cautelar, j. 16/03/2021.

51

Como bem demonstrado na acima referida queixa-crime, "(...) Uma forma de evidenciar potenciais desigualdades no impacto da pandemia entre os indígenas assistidos pelo Sasi-SUS e a população geral é a comparação entre as taxas de mortalidade específicas por idade reportadas pela Sesai, a partir do Siasi, e aquelas obtidas para a população geral, a partir do Sivep-Gripe.3 Como pode ser visto no Gráfico 1, essa análise aponta para taxas de mortalidade superiores em pelo menos 50% nos indígenas em praticamente todas as faixas etárias. Os diferenciais de mortalidade entre indigenas e a população geral tendem a ser mais expressivos nos extremos de idade, com destaque para os grupos de 0 e 9 anos (razão de taxas: 7,1), de 10 a 19 anos (razão de taxas: 3,6), de 50 a 59 (razão de taxas: 2,3) e de 80 anos ou mais (razão de taxas: 2,1), que atinge a alarmante taxa de mortalidade de 1.369,4 óbitos por 100 mil habitantes".[77]

A especial vulnerabilidade dos povos indígenas foi, e continua sendo deliberadamente ignorada pelo sr. Presidente da República e órgãos de governo a ele subordinados e obedientes, através de uma sequência de atos normativos - como a autorização de ingresso de missionários, garimpeiros e outras pessoas em aldeias de povos semi-isolados, combinados com o desmonte dos órgãos especializados de proteção aos indígenas. A exemplo, e apenas como exemplo, vale mencionar que Presidente Jair Messias Bolsonaro sancionou a Lei 14.021/20 para permitir a entrada de missões de cunho religioso nas terras indígenas habitadas por povos isolados. Vale a leitura das diversas instâncias de invasões devidamente autorizadas pelos órgãos de governo a

[77] Em: https://drive.google.com/file/d/1eh_-ySFHxnpIZv5imuL4EIraJ7z33W19/view

54

diversas comunidades indígenas, descritas e referenciadas na referida queixa crime, à qual nos reportamos.[78]

Cumpre lembrar, ademais, que, quando convocado à CPI, o Prof. Dr. Pedro Hallal afirmou que sua apresentação a respeito da divulgação dos dados obtidos a partir do estudo EPICOVID19 liderado por ele na Universidade Federal de Pelotas, foi censurada no Palácio do Planalto, de modo a esconder do escrutínio público os dados relativos à maior vulnerabilidade de Covid-19 entre a população indígena.[79]

[78] Em: https://static.poder360.com.br/2021/06/CEPEDISA-USP-Linha-do-Tempo-Maio-2021_v2.pdf CONSELHO INDIGENISTA MISSIONÁRIO (CIMI). Univaja divulga nota denunciando invasões, assassinato, ameaças e proselitismo evangélico no Vale do Javari. Em: https://cimi.org.br/2019/09/univaja-divulga-nota-denunciando-invasoes-assassinato-ameacas-e-proselitismo-evangelico-no-vale-do-javari/. O GLOBO. Missionário americano prepara invasão a terras indígenas com povos isolados na Amazônia, dizem lideranças. Em: https://oglobo.globo.com/brasil/missionario-americano-prepara-invasao-terras-indigenas-com-povos-isolados-na-amazonia-dizem-liderancas-24325032. INSTITUTO SOCIOAMBIENTAL (ISA). Em meio a pandemia, indígenas do Javari denunciam ameaça de missionários a isolados. em: https://www.socioambiental.org/pt-br/noticias-socioambientais/em-meio-a-pandemia-indigenas-do-javari-denunciam-ameaca-de-missionarios-a-isolados. Carta aberta dos servidores lotados nas frentes de proteção etnoambientais/Funai à sociedade brasileira e às autoridades competentes, disponível 78 Relatório-denúncia do feito por indigenistas, indígenas, antropólogos e pesquisadores do Opi, intitulado: Relatório em defesa dos povos indígenas isolados no interflúvio Xingu-Bacajá. Em: https://povosisolados.com/2020/11/27/relatorio-em-defesa-dos-povos-indigenas-isolados-no-interfluvio-xingu-bacaja/. TERRA. Equipe do Ibama é alvo de tiros em operação perto de área indígena no Pará. Em: https://www.terra.com.br/noticias/brasil/equipe-do-ibama-e-alvo-de-tiros-em-operacao-perto-de-area-indigena-no-para,3692e3c2f218d2ae9513007d3074d8d2vsxrj125.html https://www.socioambiental.org/sites/blog.socioambiental.org/files/blog/pdfs/carta_fpes.pdf. Relatório do ISA denuncia na ONU risco elevado de genocídio de povos indígenas isolados. Em: https://www.socioambiental.org/pt-br/noticias-socioambientais/relatorio-do-isa-denuncia-na-onu-risco-elevado-de-genocidio-de-povos-indigenas-isolados. EL PAÍS. Assassinato de líder Guajajara abala comunidade indígena e Moro garante que PF vai investigar. Em: https://brasil.elpais.com/brasil/2019/11/02/politica/1572726281_632337.html. UOL NOTÍCIAS. Diretor do Ibama é exonerado após operação contra garimpos ilegais. Em: https://noticias.uol.com.br/colunas/rubens-valente/2020/04/14/ibama-conoravirus-crise.htm?cmpid=copiaecola. G1 NOTÍCIAS. Áudios e vídeos revelam detalhes de esquema de grilagem dentro de terras indígenas. Em: https://g1.globo.com/fantastico/noticia/2020/04/19/audios-e-videos-revelam-detalhes-de-esquema-de-grilagem-dentro-de-terras-indigenas.ghtml.

[79] RESENDE, Rodrigo. Pedro Hallal aponta censura na divulgação de dados de estudo em coletiva no Palácio do Planalto. Rádio Senado, 24 de junho de 2021, Em: https://www12.senado.leg.br/radio/1/noticia/2021/06/24/pedro-hallal-aponta-censura-na-divulgacao-de-dados-de-estudo-em-coletiva-no-palacio-do-planalto

55

Tal informação é verificável a partir da análise do Doc. CPIPANDEMIA 1898[80], por meio do qual o Ministério da Saúde prestou contas sobre a conclusão do estudo EPICOVID19, e onde não há qualquer dado sobre a incidência de Covid-19 em indígenas, muito menos o gráfico "Covid-19 por cor da pele/etnia", divulgado posteriormente pelo Prof. Dr. Pedro Hallal na imprensa.[81]

Não há dúvidas de que a deliberada omissão e as condutas comissivas do Presidente da República e dos órgãos a ele diretamente subordinados inserem-se dentro de um quadro maior de uma política anti-indigenista publicamente defendida pelo Presidente desde sempre, mesmo antes de sua candidatura ao cargo que hoje ocupa. No entanto, em face da grave crise epidemiológica, o projeto de deslocamento ou extinção de comunidades indígenas e de cessão das terras por eles tradicionalmente ocupadas a madeireiros, garimpeiros, fazendeiros e estrangeiros para que as explorassem tornou-se - a epidemia - uma aliada oportunística nessa política de remoção de comunidades inteiras de suas terras, ou mesmo de sua direta extinção.

Resta claro, portanto, que o Presidente da República, pessoalmente e por meio da estrutura organizada e hierárquica de poder, através de diversos Ministérios e órgãos de controle ligados à proteção constitucional dos povos originários, na forma prevista do artigo 231 da Constituição Federal, deliberadamente planejou, incentivou, autorizou e permitiu que a epidemia invadisse e se alastrasse nas comunidades indígenas, em

[80] CPIPANDEMIA, Doc. 1898. Ofício 1272/21, Ministério da Saúde, Prestação de Contas, Relatório de Cumprimento do Objeto - Anexo X, p. 48-58

[81] Já citado RESENDE, Rodrigo. Pedro Hallal aponta censura na divulgação de dados de estudo em coletiva no Palácio do Planalto. Rádio Senado, 24 de junho de 2021.

56

Mato Grosso, Mato Grosso do Sul, Maranhão, Ceará e Pernambuco, causando um número inaceitável de mortes, lesões graves, desnutrição, deslocamentos forçados, ataques por grupos armados, contaminação por mercúrio, entre outros atos desumanos de igual gravidade.

7 - VACINA

Importante destacar a conduta do Presidente da República e do seu Ministro da Saúde, que o obedecia, no que diz respeito à credibilidade e à aquisição das vacinas.

Em conversa com apoiadores, o Presidente da República ouve de uma simpatizante:

> "Ô, Bolsonaro, não deixa fazer esse negócio de vacina, não, viu? Isso é perigoso". O Presidente responde: "A vacina, ninguém pode obrigar ninguém a tomar vacina", e a apoiadora completa: "É isso aí. Sou da área de saúde, farmacêutica, e em menos de 14 anos ninguém pode botar uma vacina no mercado".

O Presidente da República desautorizou a compra de 46 milhões de doses da Coronavac pelo Ministério da Saúde e postou justificativa no *Twitter*: "A vacina chinesa de João Doria: para o meu governo, qualquer vacina, antes de ser disponibilizada à população, deverá ser comprovada cientificamente pelo ministério da saúde e certificada pela anvisa. O povo brasileiro não será cobaia de ninguém. Não se justifica um bilionário aporte

57

financeiro num medicamento que sequer ultrapassou sua fase de testagem. Diante do exposto, minha decisão é a de não adquirir a referida vacina", declarou. Dias depois, o Ministro da Saúde afirmou: "um manda, outro obedece".

Em 24/10/20, em sua conta oficial no *Twitter*, o sr. Presidente da República posta foto com um cão e escreve: "Vacina obrigatória só aqui no Faísca".

No dia 28/11/20, Jair Messias Bolsonaro assegura:

> "Todo mundo diz que a vacina que menos demorou até hoje foram quatro anos. Eu não sei por que correr em cima dessa (...) Não é mais barato nem fácil investir na cura do que até na vacina ou jogar nas duas? Mas também não esquecer a cura. A cura aí... Eu, por exemplo, sou um testemunho. Eu tomei a hidroxicloroquina, outros tomaram a ivermectina, outros tomaram Annita... E deu certo."[82]

Em 30/10/20, o Presidente da República, estabelecendo confronto com o Governador de São Paulo, afirmou:

> "Tem um governador lá [em São Paulo] um tanto quanto autoritário, que até [quer] dar vacina na marra na galera. O que eu vejo na questão da pandemia? Está indo embora, isso já aconteceu, a gente vê livros de história. (...)Ele quer acelerar uma vacina agora, falou que ia vacinar os 46 milhões [de brasileiros no estado]."[83]

[82] Em: https://noticias.uol.com.br/saude/ultimas-noticias/redacao/2020/10/26/bolsonaro-volta-a-falar-em-cautela-para-adquirir-vacina.htm

[83] Em: https://www1.folha.uol.com.br/cotidiano/2020/10/bolsonaro-diz-que-doria- e-autoritario-e-que-pandemia-no-brasil-esta-acabando.shtml

58

Em 10/11/20, na rede social *Facebook*, o Presidente da República comemora a suspensão dos testes da vacina Coronavac:

> "Morte, invalidez, anomalia. Esta é a vacina que o Doria queria obrigar todos os paulistanos a tomá-la [sic]. O Presidente disse que a vacina jamais poderia ser obrigatória. Mais uma que Jair Bolsonaro ganha".

O líder do Governo na Câmara dos Deputados, Ricardo Barros, é incisivo em evento organizado pela XP Investimentos em 07/12/20[84]: "Vacina para todos só em 2022. (...)Todas elas representam grande risco à saúde pública".

Em 15/12/20, em evento organizado pela CEAGESP, o Presidente declarou: "Eu não vou tomar vacina e ponto final. Minha vida está em risco? O problema é meu."[85]

Em 16/12/20, o Presidente da República volta a criticar as vacinas ao dizer[86]:

> "Lá no meio dessa bula está escrito que a empresa não se responsabiliza por qualquer efeito colateral. Isso acende uma luz amarela. A gente começa a perguntar para o povo: você vai tomar essa vacina?".

[84] Em: https://www.infomoney.com.br/politica/eleicoes-no-congresso-teto-de- gastos-vacina-as-posicoes-de-ricardo-barros-sobre-15-pontos/

[85] Em: https://www.correiobraziliense.com.br/politica/2020/12/4895094-eu-nao-vou-tomar-a-vacina-e-ponto-final--problema-meu.html

[86] Em: https://ultimosegundo.ig.com.br/brasil/2020-12-16/bolsonaro-orienta-pazuello-a-mostrar-perigos-da-vacina-a-populacao-entenda.html

No mesmo dia, o Ministro da Saúde Eduardo Pazuello afirma sobre a vacinação: "Para que essa ansiedade e essa angústia?"[87]

Logo em seguida, dia 18/12/20, o Presidente da República lança nova desconfiança em cima das vacinas dizendo[88]:

> "Alguns falam que estou dando um péssimo exemplo. Ô, imbecil, ô, idiota que está dizendo que dou péssimo exemplo, eu já tive o vírus, eu já tenho anticorpo. Para que tomar vacina de novo? E outra coisa, tem que ficar bem claro aqui, Dra. Raissa. Lá no contrato da Pfizer, está bem claro nós [a Pfizer] não nos responsabilizamos por qualquer efeito colateral. Se você virar um jacaré, é problema de você (...)Se você virar Super-Homem, se nascer barba em alguma mulher aí, ou algum homem começar a falar fino, eles [Pfizer] não têm nada com isso. E o que é pior, mexer no sistema imunológico das pessoas".
> "É uma vacina emergencial, não tem uma comprovação científica ainda. É irresponsabilidade qualquer autoridade no Brasil falar que se você não tomar, no meu estado, no seu município, você vai sofrer certas sanções".

Em entrevista à rádio Jovem Pan, em 17/01/21, o Presidente da República chega a comparar os benefícios do tratamento precoce com cloroquina com os riscos da vacina e dando como exemplo o ocorrido em Manaus:

> "Olha o que está acontecendo em Manaus? O Pazuello chegou lá, o nosso ministro da saúde e

[87] Em: https://www.correiobraziliense.com.br/brasil/2020/12/4895235-para-que-essa-ansiedade-e-essa-angustia--diz-pazuello-sobre-plano-de-vacinacao.html
[88] Em: https://www.youtube.com/watch?v=1BCXkVOEH-8

60

> interviu rapidamente e determinou o tratamento precoce. (...) Há uma diferença entre a hidroxicloroquina, que tem comprovação científica e essa vacina que nunca foi aplicada em ninguém. Não sabemos seus efeitos colaterais."[89]

Em manifestação transmitida pela TV - Brasil, o Presidente disse em 03/03/20:

> "Chega de frescura, de mimimi. Vão ficar chorando até quando? Temos que enfrentar os problemas, respeitar, obviamente, os mais idosos, aqueles que têm doenças, comorbidades. Mas onde vai parar o Brasil se nós pararmos?" Em outro momento desse dia, sem máscara e rodeado por apoiadores, afirmou: "Tem idiota que a gente vê nas redes sociais, na imprensa, (dizendo) 'vai comprar vacina'. Só se for na casa da tua mãe. Não tem (vacina) para vender no mundo."[90]

7.1 - VACINA DA PFIZER

Ficou comprovado que a empresa Pfizer apresenta proposta de venda de vacinas, com possibilidade de entrega inicial em 20/12/20, ignorada pelo Governo Federal.

No âmbito da citada CPI, novas evidências foram sendo produzidas a esse respeito[91]. Foram diversas as tratativas para fornecimento da vacina PFIZER:

[89] Em: https://www.youtube.com/watch?v=JSmTzQear08
[90] Em: https://www.bbc.com/portuguese/brasil-56267135
[91] Em: https://www.cnnbrasil.com.br/saude/2021/01/08/pfizer-diz-que-ofereceu-proposta-para-brasil- comprar-vacinas-em-agosto

fl. 61

DIA 14/08/20
Primeira oferta da Pfizer (70 milhões de doses ao todo, 500 mil ainda em 2020).

DIA 18/08/20
Pfizer aumenta a proposta, que seria de 1,5 milhão em 2020, mais 1,5 milhão até fevereiro e o resto nos outros meses.

DIA 12/09/20
Carta da Pfizer. Empresa diz que "celeridade é crucial devido à alta demanda de outros países e ao número limitado de doses em 2020."

Carta foi enviada ao Presidente Jair Bolsonaro, com cópia ao srs. Mourão, Braga Netto, Eduardo Pazuello e Paulo Guedes[92]. E não se obteve resposta.

Carlos Murillo, Presidente Regional da Pfizer na América Latina, relatou à mencionada CPI as várias ofertas de vacina feitas pela farmacêutica ao Governo Federal[93]. Destacou que as primeiras tratativas tiveram início em maio de 2020, e, após, foram apresentadas três ofertas pela Pfizer no mês de agosto, nos dias 14, 18 e 26, as quais não receberam respostas do Ministério da Saúde[94]. Em 11 de novembro, a Pfizer apresentou atualização da oferta, repetida no dia 24, com algumas

[92] Carlos Murillo, Presidente Regional da Pfizer na América Latina, confirma à CPI o envio da carta: "A carta foi enviada em 12 de setembro, assinada pelo nosso CEO global, Albert Bourla, e tinha se dirigido ao Presidente Bolsonaro e mais outras autoridades do Governo". Questionado, informou detalhadamente as autoridades que receberam a carta da Pfizer: "Jair Bolsonaro, com cópia ao Vice-Presidente, Sr. Hamilton Mourão; ao Ministro da Casa Civil, Chief of the Staff, Sr. Walter Braga Netto; ao Ministro da Saúde, Sr. Eduardo Pazuello; ao Ministro da Economia, Sr. Paulo Guedes; ao Embaixador do Brasil nos Estados Unidos, Sr. Nestor Forster". Carlos Murillo também confirmou que não houve resposta da Presidência à carta enviada pela Pfizer: "Nós não recebemos resposta da Presidência".
[93] Depoimento de Carlos Murillo à CPI da Pandemia, em 13.05.21. Íntegra do depoimento encontra-se no site do Senado Federal, em link indicado ao final da petição.
[94] "Nossa oferta de 26 de agosto tinha uma...Como era vinculante e estávamos neste processo com todos os governos, teria uma validade de 15 dias. Passados esses 15 dias, o Governo do Brasil não rejeitou, mas tampouco aceitou a oferta".

fls. 62

alterações. Em 15 de fevereiro, nova oferta foi feita pela Pfizer, e, novamente, em 08 de março, quando finalmente, dias depois, foi assinado o primeiro contrato com o Ministério da Saúde.

A existência de supostas cláusulas leoninas na oferta da Pfizer, alegada pelo Ministro Eduardo Pazuello e por Bolsonaro como impedimento para assinatura do contrato, foi rechaçada pelo depoente. O sr. Carlos Murillo afirmou que as condições ofertadas foram as mesmas para todos os 110 países com os quais a Pfizer negociou e assinou contrato[95].

Questionado sobre quantas doses teriam sido entregues até aquele momento caso a primeira oferta tivesse sido aceita pelo Brasil, Carlos Murillo respondeu que a oferta de 26 de agosto previa 1,5 milhão de doses em 2020, 3 milhões no primeiro trimestre de 2021 e 14 milhões no segundo trimestre.

7.2 - VACINA DO BUTANTAN

[95] "As condições que a Pfizer procurou para o Brasil são exatamente as mesmas condições que a Pfizer negociou e assinou neste momento já com mais de 110 países no mundo. (...). Do ponto de vista de nossa consistência internacional, dada a situação da pandemia, dado o nosso processo de desenvolvimento da vacina, essas foram as condições negociadas e aceitas pelos 110 países com que hoje a Pfizer tem assinado contrato".

63

GOVERNO DO ESTADO DE SÃO PAULO

Secretaria de Estado da Saúde
Coordenadoria de Ciência, Tecnologia e Insumos Estratégicos de Saúde
Instituto Butantan

INSTITUTO BUTANTAN

São Paulo, 30 de julho de 2020.

Ofício IB nº 160/2020.

Ref: Parceria para o Desenvolvimento de Vacina contra a COVID-19 – Comunicado de disponibilidade de fornecimento ao Sistema Único de Saúde.

Ilustríssimo Senhor Ministro,

O Instituto Butantan vem por meio do presente apresentar a esse Ministério a Parceria para o Desenvolvimento da Vacina contra a COVID-19 celebrada com o laboratório de biotecnologia chinês Sinovac em 08 de julho de 2020 e informar a capacidade de fornecimento ao Sistema Único de Saúde de 60 milhões de doses da vacina a partir do último trimestre de 2020.

Inicialmente, relevante mencionar o histórico de atuação e papel deste Instituto no combate a pandemias e epidemias, cuja a própria criação é decorrente de uma resposta da administração pública para o enfrentamento ao surto de peste bubônica em 1901. Atualmente, e durante a pandemia do novo coronavírus, o Instituto Butantan alcançou um recorde de 80 milhões de doses da vacina da gripe (10% da produção mundial) e conta também com uma instalação fabril para a vacina da Dengue com previsão de produção para o próximo ano e recentemente firmou parceria para o desenvolvimento da vacina contra Chikungunya.

Nesse contexto, no qual o Brasil está há mais de 4 meses adotando as políticas de quarentena e sem previsões palpáveis de retomada do convívio social integral e das atividades econômicas, não restam dúvidas de que o desenvolvimento de uma vacina segura e eficaz contra a COVID-19 é a estratégia mais promissora para combater a pandemia do Coronavírus. Sabe-se ainda que o maior gargalo quanto ao

Instituto Butantan
Avenida Vital Brasil, 1500
Butantã, São Paulo/SP
CEP: 05503-900
www.butantan.gov.br

Centro Administrativo
Avenida da Universidade, 210
Butantã, São Paulo/SP
CEP: 05508-040

SÃO PAULO
GOVERNO DO ESTADO

64

GOVERNO DO ESTADO DE SÃO PAULO

Secretaria de Estado da Saúde
Coordenadoria de Ciência, Tecnologia e Insumos Estratégicos de Saúde
Instituto Butantan

INSTITUTO BUTANTAN

desenvolvimento desta vacina é garantir o atendimento à demanda de produção e distribuição global de bilhões de doses, incluindo a necessidade de insumos estratégicos e a logística necessária para a execução.

Nesse diapasão, desde os primeiros casos relatados na China o Instituto Butantan tem empregado seus melhores e maiores esforços para trazer soluções ao enfrentamento da pandemia, e como resultado celebrou em 8 de junho o Acordo de Parceria para o Desenvolvimento Clínico da vacina inativada contra COVID-19, com a empresa de biotecnologia chinesa Sinovac.

Mister se faz assinalar que a Vacina contra a COVID-19 encontra-se em estágio avançado de desenvolvimento, isto é, não apenas mostrou segurança e eficácia nas Fases I e II dos Ensaios Clínicos desenvolvidos pela Sinovac na China, como utiliza uma tecnologia conhecida pelo Instituto Butantan, tradicional e amplamente utilizada em outras vacinas possuindo elevada probabilidade de sucesso e sendo ainda de fácil incorporação no sistema de saúde, e portanto, uma forte candidata vacinal, que por se tratar de vacina de vírus inteiro inativado, possui como antígeno todas as proteínas do vírus, o que faz com que aumente o espectro de anticorpos neutralizantes do vírus SARS-COV-2 pelo paciente.

A parceria entre o Instituto Butantan e a Sinovac envolve quatro etapas. A primeira é o estudo clínico Fase III que será patrocinado e executado pelo Instituto Butantan, o qual foi aprovado pela ANVISA e pela Comissão de Ética em Pesquisa Clínica, e já iniciado no mês de julho. A segunda etapa da parceria envolve o fornecimento da Sinovac para o Butantan do produto acabado para o uso emergencial e imediato da vacina, estimado em 60 milhões de doses que poderão ser inicialmente destinadas aos grupos de risco e profissionais de saúde, a partir da aprovação do registro do produto pela ANVISA. A terceira fase ocorre paralelamente à segunda, e compreende na absorção da tecnologia do envase da vacina nas instalações do Instituto Butantan tão logo o registro do produto seja aprovado pela ANVISA.

Durante a terceira fase o Butantan terá a capacidade de produzir em sua instalação fabril aproximadamente 100 milhões de doses por ano da vacina a partir de 2021.

Instituto Butantan
Avenida Vital Brasil, 1500
Butantã, São Paulo/SP
CEP 05503-900

www.butantan.gov.br

Centro Administrativo
Avenida da Universidade, 210
Butantã, São Paulo/SP
CEP 05508-040

SÃO PAULO
GOVERNO DO ESTADO

GOVERNO DO ESTADO DE SÃO PAULO

Secretaria de Estado da Saúde
Coordenadoria de Ciência, Tecnologia e Insumos Estratégicos de Saúde
Instituto Butantan

INSTITUTO BUTANTAN

A quarta etapa da vacina envolve a transferência de tecnologia ao Instituto Butantan, a qual permitirá a internalização do processo de produção do princípio ativo da vacina contra COVID-19 de forma independente e nacionalizada, proporcionando autossuficiência nacional de produção da vacina e amplo fornecimento à população brasileira através desse Minsitério.

Diante de todo exposto e com a intenção de somar esforços ao combate à pandemia da COVID-19, o Instituto Butantan comunica a esse Ministério da Saúde a disponibilidade de fornecimento de 60 milhões de doses da Vacina contra a COVID-19 no último trimestre de 2020. Além disso, frisamos à medida que as etapas de internalização da tecnologia forem concluídas, o Instituto Butantan ampliará a capacidade de fornecimento da vacina em relação ao ano de 2021.

Diante disso, colocamo-nos à disposição desse Ministério para esclarecimentos que se façam necessários à efetivação do fornecimento da referida vacina.

Cordialmente,

Prof. Dr. Dimas Tadeu Covas
Diretor do Instituto Butantan

Ilmo. Sr. Ministro
Eduardo Pazuello.
Ministério da Saúde
Esplanada dos Ministérios, Bloco G, Brasília, Distrito Federal.
CEP: 70.058-900

Instituto Butantan
Avenida Vital Brasil, 1500
Butantã, São Paulo/SP
CEP: 05503-900

Centro Administrativo
Avenida da Universidade, 210
Butantã, São Paulo/SP
CEP: 05508-040

www.butantan.gov.br

SÃO PAULO GOVERNO DO ESTADO

66

Ref. Aditamento ao Of. 160/20 – 30.07.20
Vacina contra COVID-19 – Sinovac

Senhor Ministro,

Em aditamento ao Ofício em epígrafe, vimos encaminhar proposta de fornecimento de **Vacina COVID-19 – SINOVAC** ao custo estimado de *R$ 21,50 (vinte um reais e cinquenta centavos)* a dose, na seguinte conformidade:

Especificação	Quant. doses	Apresentação	Entrega
Dose Única	15.000.000	Seringa	Dezembro 2020
Multidose - frs. 10 doses	45.000.000	Frascos	30.000.000 – Dezembro 2020 15.000.000 -1º Trimestre 2021
TOTAL	**60.000.000**	-	-

Diante disso, colocamo-nos à inteira disposição desse Ministério para o encaminhamento da presente proposta, a fim de que possamos tomar no devido tempo as providências necessárias para as entregas acima referidas.

Cordialmente,

Prof. Dr. Dimas Tadeu Covas
Diretor IB

Imo. Senhor Ministro
EDUARDO PAZUELLO
M.D, Ministro da Saúde
Esplanada dos Ministérios – Bloco G
70.058-900 – BRASILIA/DF.

Instituto Butantan
Avenida Vital Brasil, 1500
Butantã, São Paulo/SP
CEP: 05503-900

Centro Administrativo
Avenida da Universidade, 210
Butantã, São Paulo/SP
CEP: 05508-040

www.butantan.gov.br

SÃO PAULO
GOVERNO DO ESTADO

67

GOVERNO DO ESTADO
DE SÃO PAULO

Secretário de Estado da Saúde
Coordenadoria de Ciência, Tecnologia e
Insumos Estratégicos de Saúde
Instituto Butantan

INSTITUTO BUTANTAN

São Paulo, 07 de outubro de 2020.

Senhor Ministro,

Em 30 de julho de 2020, por meio do ofício IB 160/2020, encaminhamos a esse Ministério a oferta de fornecimento de 60 milhões de doses da Vacina contra o Coronavírus, em desenvolvimento por este Instituto, para entrega no último trimestre de 2020. No mesmo ofício apontamos para a possibilidade do fornecimento de quantidades adicionais da vacina em função da transferência de tecnologia da nossa parceira Sinovac.

Em 18 de agosto de 2020, por meio do ofício IB 177/2020, reiteramos a oferta estipulando prazo de entrega de 45 milhões de doses até dezembro de 2020 e 15 milhões de doses no primeiro trimestre de 2021.

Na presente oportunidade reapresentamos a oferta de 100 milhões de doses da vacina para o coronavírus a este Ministério. Desse total, 45 milhões serão produzidas no Instituto Butantan até dezembro de 2020. Quinze milhões de doses estarão prontas até o final de fevereiro de 2021 e 40 milhões de doses adicionais poderão ser produzidas até maio de 2021 mediante manifestação imediata deste Ministério.

Há uma grande demanda do mercado mundial pela vacina Butantan-Sinovac. Esta é a vacina em estágio mais avançado para a administração na população e com cronograma de entrega de grandes volumes já partir de janeiro de 2021. Este fato, amplamente reconhecido e bastante divulgado em todo o mundo desencadeou pedidos de fornecimento da vacina por vários países e no Brasil por Estados e até Municípios. Considerando o cenário de um mercado com enorme demanda, bem como os custos de manufatura e da propriedade intelectual do desenvolvimento tecnológico, o preço estimado para o total de doses ofertado acima, neste momento, é de US$ 10,30 (dez dólares e trinta centavos) por dose.

O Instituto Butantan reforça a sua posição de Instituição Pública de Saúde cujo único compromisso é o desenvolvimento e a fabricação de produtos imunobiológicos e vacinas para abastecer o Sistema Único de Saúde do Brasil com exclusividade. Não é diferente com a vacina para o coronavírus. A vacina produzida pela parceria Butantan-Sinovac destina-se ao Ministério da Saúde do Brasil e ao povo brasileiro. Esta é a vacina que pode assistir e proteger de forma mais imediata o povo brasileiro no enfrentamento da pandemia.

O Instituto Butantan já desembolsou 30 milhões de dólares até esse momento e desembolsará 60,6 milhões de dólares até o final de 2020. Em janeiro desembolsará 160,5 milhões de dólares para continuidade do processo de incorporação da vacina e da tecnologia correspondente. Nesse momento operamos com recursos próprios e solicitamos a gentileza de manifestação desse Ministério quanto à aquisição da vacina face as circunstâncias expostas e relevância para a preservação de vidas. O Instituto Butantan não busca outros parceiros, federados ou países, para a destinação

Instituto Butantan
Avenida Vital Brasil, 1500
Butantã, São Paulo/SP
CEP 05503-900

www.butantan.gov.br

Centro Administrativo do Instituto Butantan
Avenida da Universidade, 210
Butantã, São Paulo/SP
CEP 05508-160

SÃO PAULO
GOVERNO DO ESTADO

68

GOVERNO DO ESTADO DE SÃO PAULO

Secretaria de Estado da Saúde
Coordenadoria de Ciência, Tecnologia e Insumos Estratégicos de Saúde
Instituto Butantan

INSTITUTO BUTANTAN

da vacina brasileira. Esta vacina é produzida no Brasil para ser administrada e salvar vidas de brasileiros.

O cronograma de fornecimento da vacina bem como o cenário atual em relação ao desenvolvimento e a produção da vacina no Brasil por este instituto é nosso compromisso inarredável que assumimos com o Ministério da Saúde. Sobre esta proposta, solicitamos a manifestação do Ministério o mais breve possível.

Colocamo-nos ao inteiro dispor de V. Exª para quaisquer esclarecimentos adicionais e agradecemos pela atenção dispensada.

Atenciosamente

Prof. Dr. Dimas Tadeu Covas
Diretor Geral do Instituto Butantan
Presidente da Fundação Butantan

Ao
Excelentíssimo Senhor
EDUARDO PAZUELLO
MD Ministro da Saúde
Esplanada dos Ministérios – Bloco G
CEP 70.058-900 – BRASILIA - DF

Instituto Butantan
Avenida Vital Brasil, 1500
Butantã, São Paulo/SP
CEP: 05503-900

Centro Administrativo do Instituto Butantan
Avenida da Universidade, 210
Butantã, São Paulo/SP
CEP: 05508-040

www.butantan.gov.br

SÃO PAULO GOVERNO DO ESTADO

69

O Presidente da República, em outubro, determinou ao Ministro de Saúde que não adquirisse a vacina fabricada pelo Instituto Butantan, a vacina da China produzida por Doria, a respeito da qual festejara ter havido uma intercorrência na fase de testes, que se verificou ter sido um suicídio.

Em "live" nesta oportunidade, o Presidente da República, como já se disse, assegurou que vacina só no seu cachorro, Faísca. Criou assim, junto à população, uma descrença no efeito positivo da vacina, resistência essa que teve de ser aos poucos vencida.

Em depoimento à citada CPI[96], o sr. Dimas Covas relatou as diversas ofertas de vendas de vacina feitas pelo Instituto Butantan ao Governo Federal, que restaram sem aceitação pelo Ministério da Saúde.

Após a ordem de cancelamento da compra da Coronavac feita publicamente por Jair Messias Bolsonaro, Dimas Covas afirmou que as negociações foram suspensas e o contrato só foi finalmente assinado em 07/01/21, seis meses após a primeira oferta[97].

O atraso na aquisição de vacina foi lamentado pelo Diretor do Butantan, que calculou que 60 milhões de doses poderiam ter sido entregues até dezembro de 2020, caso a primeira oferta tivesse sido aceita pelo Governo Federal[98].

[96] Depoimento de Dimas Covas à CPI da Pandemia, em 27.05.21. Íntegra do depoimento encontra-se no site do Senado Federal, em link indicado ao final da petição.

[97] "O SR. RENAN CALHEIROS (Bloco Parlamentar Unidos pelo Brasil/MDB - AL) - O Ministério da Saúde agiu ou deixou de agir em decorrência da ordem dada publicamente pelo Presidente da República para o cancelamento da compra da CoronaVac, conforme vimos por suas próprias declarações em entrevista à imprensa? O SR. DIMAS TADEU COVAS - Isso mudou a perspectiva no próprio ministério. Quer dizer, todas essas negociações que ocorriam com troca de equipes técnicas, com troca de documentos, a partir desse momento elas foram suspensas".

[98] "...apesar de estar em solo brasileiro, de estar sendo produzida, só foi contratada em janeiro, não é? **Seis meses aí da primeira oferta** (...) a questão da vacina, ela não

70

Ademais, Dimas Covas também ressaltou que a postura do Governo Federal prejudicou a imagem do Instituto Butantan[99], atrasou o início da vacinação[100], bem como dificultou a obtenção de insumos com a China[101].

8 - VIOLAÇÃO DA VIDA E DA SAÚDE

O quadro acima descrito revela, com nitidez, o plano do Presidente da República Jair Messias Bolsonaro e de seu governo de menosprezar a vida e a preservação da saúde de muitos brasileiros, pois morrer é próprio da vida (*E Daí?; não sou coveiro; parar com mimimi*), para preservar a atividade econômica, mesmo à custa de hospitalizações e mortes dos mais frágeis.

Assim, a estrutura inicialmente montada no plano jurídico e operacional, de conjugação de esforços com Estados e Municípios, foi sendo conscientemente solapada, para incentivar o desrespeito às normas de isolamento social, pelo exemplo de se

foi bem resolvida pelo Pais no ano passado. Quer dizer, **houve, sem dúvida nenhuma, um atraso em relação às iniciativas de outros paises**".
"Ora, a não aceitação da primeira oferta significa 60 milhões, até dezembro de 2020. A partir daí, quer dizer, essas idas e vindas - não é? - foram dificultando o cronograma..."

[99] "Então, de fato, essa campanha que foi feita pelas mídias sociais, desqualificando a vacina, desqualificando o Butantan, sem dúvida nenhuma, trouxe prejuízos à imagem do Butantan".

[100] "Senador, impediu a vacinação de milhões de pessoas num prazo anterior ao que começou. O senhor mesmo pontuou isso, está certo? Quer dizer, hoje, infelizmente, nós temos a segunda posição no mundo em número de óbitos. Poderia ter sido amenizada? Poderia, sim".

[101] "SR. DIMAS TADEU COVAS - (...). Quer dizer, cada declaração que ocorre aqui no Brasil repercute na imprensa da China. As pessoas da China têm grande orgulho da contribuição que a China dá ao mundo neste momento. Então, obviamente isso se reflete nas dificuldades burocráticas, que eram normalmente resolvidas em 15 dias, e hoje demoram mais de mês para serem resolvidas".
"SR. RENAN CALHEIROS - Uma postura adequada e pragmática do Governo Federal ajudaria na obtenção de mais insumos?
SR. DIMAS TADEU COVAS - Indiscutível, indiscutível!".

Fl. 71

aglomerar, por atos normativos tornando dispensável o fornecimento de máscara, ao ampliar os setores considerados essenciais, não sujeitos, portanto, a limitações de funcionamento; ao conspirar contra as autoridades estaduais e municipais, inclusive indo contra suas determinações de precaução por via de ações judiciais no Supremo Tribunal Federal; ao aplicar diminuta percentagem do orçamento destinado ao enfrentamento da Covid-19; ao incentivar a população a denunciar governadores invadindo hospitais para tentar comprovar não ser verdade a elevada ocupação de UTIs; ao incentivar o uso de medicamentos sem eficácia comprovada; ao não comprar vacinas; ao ridicularizar as vacinas, criando clima de desconfiança em relação às mesmas; ao festejar eventual insucesso em teste da vacina do Butantan, que se verdade só prejudicaria a população.

Em suma, **o que se verifica é o desprezo**, **de forma patente**, **ao valor da vida e da saúde**, **centros axiológicos da Constituição de 1.988**, a se ver o disposto no art. 3°, que menciona ser o bem de todos um dos objetivos fundamentais da República, sendo a inviolabilidade da vida o primeiro direito consagrado no *caput* do art. 5° da Constituição.

A estas disposições somam-se a consagração, no art. 6°, da saúde como um direito social e a imposição no art. 196, ambos da Constituição Federal, da saúde como um dever do Estado e um direito do cidadão.

Neste sentido, cabe lembrar a lição de José Afonso da Silva no sentido de haver a obrigação por parte do Estado de uma prestação positiva, de prover condições indispensáveis à existência humana adotando o Estado "medidas e prestações visando à prevenção das doenças e o tratamento delas". Devem

72

ser, alerta o constitucionalista, medidas não apenas curativas, mas especialmente preventivas, serviços destinados a evitar a doença, que visem à redução do risco da doença."[102]

Como assinala Ingo Wolfang Sarlet, "é no âmbito do direito à saúde que se manifesta de forma mais contundente a vinculação do seu respectivo objeto com o direito à vida e o princípio da dignidade da pessoa humana", razão pela qual, o direito à vida (e no que se verifica a conexão, também o direito à saúde) assume no âmbito dessa perspectiva, a condição de verdadeiro direito a ter direitos, constituindo além disso uma pré-condição da própria dignidade da pessoa humana."[103]

Dentre os fatos elencados no art. 85 da Constituição Federal, passível de configuração como crime de responsabilidade está o de atentar contra o exercício de direito individual e social, no caso o direito à vida e à saúde.

A Lei 1.079/50, relativa aos crimes de responsabilidade, dispõe no seu art. 7°, número 9, que constitui crime "violar patentemente qualquer direito ou garantia individual constante do art. 141 e bem assim os direitos sociais assegurados no art. 157 da Constituição". (A lei referia-se a artigos da Constituição de 1.946, correspondentes aos arts. 5 e 6 da Constituição atual).

Assim, a afronta aos direitos fundamentais como a vida e a saúde, que são conexos, e vêm a ser pressupostos para a satisfação mínima da dignidade da pessoa humana, não poderia

[102] SILVA, José Afonso. *Comentário contextual à constituição*. São Paulo: Malheiros, 2005, p. 767 e seguintes.
[103] SARLET, Ingo Wolfgang et al. *Curso de direito constitucional*. São Paulo: Revista dos Tribunais, 2012, p. 576.

fl. 73

deixar de se constituir, tal como é, em crime de responsabilidade, pois o Presidente, por meio de condutas comissivas e omissivas, atinge tais direitos e revela desumanidade incompatível com a ordem democrática consagrada na Constituição.

Em síntese, o sr. Presidente da República Jair Messias Bolsonaro **patentemente desrespeita o direito à vida e à saúde de número indeterminado de pessoas**, seja por via de atos comissivos, ao promover aglomerações; ao se apresentar junto a populares sem o uso de máscara; ao pretender que proibições de reuniões em templos por via de autoridades sejam revogadas judicialmente; ao incitar a invasão de hospitais, colocando em risco doentes, médicos, enfermeiros e os próprios invasores; ao incentivar repetidamente a população a fazer uso da cloroquina, hidroxicloroquina e ivermectina, medicamentos sem eficácia comprovada e com graves efeitos colaterais; ao recusar e criticar o isolamento social e as autoridades que o impõe, tudo sob a égide da orientação, semanalmente repetida, de que todos serão contaminados e só a imunização de rebanho eliminará a epidemia, razão pela qual se deve salvar a economia deixando morrer quem deve morrer, mesmo porque é esse o destino natural e temos todos o mesmo cheiro. **E daí?**

O Presidente da República também, por outro lado, deixa de cumprir com o dever que lhe incumbe, de assumir a coordenação do combate à pandemia, dizendo lhe ter sido proibida qualquer ação pelo Supremo Tribunal Federal, que, como ressaltado antes, o desmente, pois há competência comum, e devem União, Estados e Municípios atuar conjuntamente segundo a estrutura do Sistema Único de Saúde. Deixou o Presidente de comprar as vacinas quando lhe era possível fazer, comprometendo a imunização vacinal, seja

74

ao dizer que não se vacinaria, seja deixando de responder por meses às propostas oferecidas pelo Instituto Butantan e pela empresa Pfizer.

O fato é que o sr. Presidente da República expôs a saúde da população ao proclamar quase diariamente a positividade do tratamento precoce e as vantagens de se ingerir o remédio cloroquina ou hidroxicloroquina, não recomendado, pelo contrário, proibido pela OMS e pelo órgão de controle de medicamentos dos Estados Unidos, possibilitando a ocorrência de efeitos colaterais e facilitando a não tomada de cuidados para se evitar a disseminação da pandemia.

Ao vender e propagar uma pretensa cura para a Covid-19, a partir da utilização de medicamentos sem eficácia comprovada e com possíveis efeitos colaterais sérios, o Presidente demonstra um absoluto desprezo à saúde dos brasileiros, revelando que a sua preocupação está única e exclusivamente voltada ao rápido retorno das pessoas ao trabalho. Sobre isso, é claro o ex-Ministro Luiz Henrique Mandetta em seu livro:

> "Nunca na cabeça dele houve a preocupação de propor a cloroquina como um caminho de saúde. A preocupação dele era sempre 'vamos dar esse remédio porque com essa caixinha de cloroquina na mão os trabalhadores voltarão à ativa, voltarão a produzir'. (...) o projeto dele para combate à pandemia é dizer que o governo tem o remédio e quem tomar o remédio vai ficar bem. Só vai morrer quem ia morrer de qualquer maneira"[104].

[104] O já citado: MANDETTA, Luiz Henrique. *Um paciente chamado Brasil*, p. 144.

75

Na forma comissiva por omissão, o resultado pode ser imputado a quem tem o dever de agir e pode agir, mas, no entanto, deixa de fazer, dando livre curso ao processo causal em desenvolvimento, quando se tivesse agido, se tivesse tido a conduta devida teria evitado o resultado *"con una probabilità vicina alla certeza*[105]*"*.

Na omissão imprópria, chama a atenção o que teria havido se a ação omitida tivesse se realizado. Com base na experiência normal, por exemplo, em face da situação dada, cabe fazer um juízo de probabilidade de "uma probabilidade ao limite da segurança"[106], de que a falta da conduta exigida se põe como uma condição necessária à realização do evento.

Com o cumprimento do dever de coordenação do governo federal a partir do seu chefe, o Presidente, cumprindo o que a própria lei determinava, Lei 13.979/20, ter-se-ia imposto disciplina na sociedade, evitado aglomerações, incentivado o uso de máscara, reduzido o número de reuniões religiosas ou festivas, ou seja, se impediria a disseminação do vírus, muitas vidas se preservariam e muitas internações teriam sido poupadas. E o pior: a negação da vacina levou ao atraso considerável no processo de imunização vacinal no país, que, agora, passados oito meses do seu início, revela seus imensos benefícios.

Deixar o vírus se espalhar, como política de saúde pública, para alcançar, como projeto, a imunização de rebanho, dando acolhida a reclamos de empresários, revela uma posição

---

[105] RIZ, Roland. *Lineamenti di Diritto Penale*. 5 ed. Padova: CEDAN, 2006, p. 177; FIANDACA, Giovanni; MUSCO, Enzo. *Diritto Penale*. 6 ed. Bologna: Zanichell, 2010, p. 602.

[106] REALE JÚNIOR, Miguel. *Fundamentos de Direito Penal*. 5 ed. Rio de Janeiro: Forense, 2020, p. 203.

76

valorativa negativa desumana, podendo-se concluir que a afronta ao direito à vida e à saúde deu-se seja na forma comissiva, como na comissiva por omissão, ao de descumprir com o dever de agir.

Nem se argumente ter-se dado preferência justificável à economia, pois se trata de falso dilema, de vez que, como comprovado pelo ocorrido em outros países, a economia só se ativa e prospera com controle da disseminação da doença e não com sua proliferação, que apenas causa dor e medo e paralisia social.

Além do mais, trata-se de opção valorativa negativa contra os valores essenciais da vida e da saúde, quando a proteção a ambas é pressuposta e não consequência da atividade econômica.

A falta de coragem na imposição de medidas impopulares, mas absolutamente necessárias, e a omissão consciente, assentindo no resultado morte derivado da inação, conduzem à evidente responsabilização do desastre humanitário ao condutor principal da política de saúde no país: o Presidente da República Jair Messias Bolsonaro, razão pela qual deve sofrer Ação por Crime de Responsabilidade.

Em países nos quais se privilegiaram medidas de precaução, que evitaram mortes e protegeram a saúde, o vigor da economia logo brotou[107], ao contrário do que sucede em nosso país, no qual autoridades estaduais e municipais tiveram de lutar para impor

[107] Estudo do IPEA (O Estado de São Paulo, 19/8/21, caderno de economia, B6) demonstra que países com pior êxito no controle da disseminação da Covid-19 acabaram sofrendo as maiores perdas de atividade econômica. Assim, "quem fez a política de achatamento (da curva de casos e de mortes) bem feita, informou a população, tomou medidas de precaução e conseguiu evitar a crise sanitária evitou danos econômicos e sai com o sistema econômico e social mais resiliente". Ao contrário da "estratégia" do Governo, o certo mostrou o estudo é que "as intervenções para reduzir a disseminação da Covid-19 também ajudaram a mitigar as consequências econômicas e sociais da crise."

77

medidas de proteção e uma política de vacinação à qual a cultura de nosso povo já estava habituado, mas conduzido em sentido contrário pela posição **negacionista** do sr. Presidente da República.

O conjunto da obra revela um quadro desolador de desrespeito aos direitos humanos, seja nas frases e atos do Presidente da República, a ridicularizar o medo, a dor, a morte, seja ao não assumir o papel que lhe competia na condução superior da administração do país de coordenação, junto com Estados e Municípios, da prevenção da disseminação que teria poupado milhares de perdas.

9 - CONCLUSÃO

Diz o Relatório da CPI da Pandemia:

> "não há como afastar a responsabilidade do Presidente da República, Jair Messias Bolsonaro, no que diz respeito às ações e omissões relacionadas ao enfrentamento da pandemia do novo coronavírus. Com efeito, o conjunto probatório revelou que o Chefe do Executivo Federal teve inúmeras condutas que incrementaram as consequências nefastas da covid-19 em nossa população".

Com efeito, o art. 85 da Constituição Federal considera ser crime de responsabilidade atentar contra o exercício de direito individual e social, no caso o direito à vida e à saúde.

78

Por sua vez, a Lei 1.079/50, relativa aos crimes de responsabilidade, dispõe no seu art. 7°, número 9, que constitui crime "violar patentemente qualquer direito ou garantia individual constante do art. 141 e bem assim os direitos sociais assegurados no art. 157 da Constituição". (A lei referia-se a artigos da Constituição de 1.946, correspondentes aos arts. 5 e 6 da Constituição atual).

O Presidente da República desrespeitou, portanto, o direito à vida e à saúde de número indeterminado de pessoas, por via de atos comissivos, ao promover aglomerações, ao se apresentar junto a populares sem máscara; ao pretender que proibições de reuniões em templos por via de autoridades fossem revogadas judicialmente; ao incitar a invasão de hospitais, pondo em risco doentes, médicos, enfermeiros e os próprios invasores; ao incentivar repetidamente a população a fazer uso da cloroquina, dada como infalível, hidroxicloroquina e ivermectina, medicamentos sem eficácia comprovada e com graves efeitos colaterais; ao recusar e criticar o isolamento social e as autoridades que o impõe; ao sugerir que a vacina poderia transformar a pessoa em jacaré, desencorajando a população a se vacinar; ao postergar a compra de vacinas; ao ridicularizar os doentes com falta de respiração; ao ter descaso em face da situação trágica de Manaus no início deste ano, dando causa a trágica dizimação e por fim na falta de atendimento às comunidades indígenas, desrespeitando, inclusive, determinações do Supremo Tribunal Federal.

A atuação continuada nos sentidos acima descritos deu-se sob a égide da orientação de que todos serão contaminados e só a <u>imunização de rebanho</u> elimina a epidemia, razão pela qual se deveria salvar a economia deixando morrer quem iria mesmo

79

morrer, pois é esse o destino natural e temos todos o mesmo cheiro. "E daí?".

O sr. Presidente da República, também, por outro lado, deixou de cumprir com o dever que lhe incumbia, de assumir a coordenação do combate à pandemia, dizendo-se proibida qualquer ação pelo Supremo Tribunal Federal, que, como ressaltado antes, o desmente, pois há competência comum, e devem União, Estados e Municípios atuar conjuntamente segundo a estrutura do Sistema Único de Saúde.

Como destaca o Relatório da CPI da Pandemia:

> "A minimização constante da gravidade da covid-19, a criação de mecanismos ineficazes de controle e tratamento da doença, com ênfase em protocolo de tratamento precoce sem o aval das autoridades sanitárias, o déficit de coordenação política, a falta de campanhas educativas sobre a importância de medidas não farmacológicas, o comportamento pessoal contra essas medidas, e, por fim, a omissão e o atraso na aquisição de vacinas e a contratação de cobertura populacional baixa do consórcio da OMS foram algumas das condutas do Chefe do Poder Executivo Federal que incontestavelmente atentaram contra a saúde pública".

Na forma comissiva por omissão, o resultado pode ser imputado a quem tem o dever de agir e pode agir, mas, no entanto, deixa de fazê-lo, dando livre curso ao processo causal em desenvolvimento, quando se tivesse agido, se cumprisse a conduta devida, teria evitado o resultado.

Fls. 80

O Presidente da República deixou de cumprir o dever de coordenação do governo federal, omitindo o que lhe impunha a Constituição Federal, a proteção à saúde, bem como a determinação contida na própria lei que disciplinava o combate à Covid-19. Se assim tivesse feito, mortes e hospitalizações teriam sido evitadas.

Em conclusão, tem-se que o comportamento do sr. Presidente da República Jair Messias Bolsonaro ao longo da pandemia constitui clara afronta aos direitos à vida e à saúde, configurando-se a infração prevista na Lei 1.079/50, art. 7°, número 9.

De outra parte, agiu o Presidente da República, por diversas vezes, em afronta **ao devido decoro no exercício do cargo** (**art.9°, número 7, da Lei n. 1079/50**) especialmente ao imitar doente com falta de respiração, ao manifestar desprezo à vida quando com indiferença falou: "E Daí?" em face das mortes e sofrimentos dos brasileiros; ao incitar ao crime de violação de normas sanitárias; ao incitar a invasão de hospitais, em violação à privacidade dos pacientes; ao fazer brasileiros correrem risco de contaminação quando provocou deliberadamente aglomeração e, por último, contra a ciência, ao receitar como infalível medicamento sabidamente ineficaz.

Além disso, merece destaque a conduta do Presidente na crise de Manaus e na coordenação de absoluto desprezo pela saúde e vida das comunidades indígenas, que sofreram índices imensos de mortandade.

Ao exigir decoro está o legislador a requerer que o primeiro mandatário da Nação se comporte de modo conveniente, decente, moralmente aceitável, ou seja, sem descer a formas chulas ou

fl. 81

desrespeitosas em face dos direitos e da dignidade do próximo, nem de modo reprovável na sua postura e linguagem.

Destarte, a lei exige que o Chefe do País mereça respeito e não reprovação, pois, então, protege a própria imagem do Estado e a reputação do cargo, que saem tisnadas por comportamentos indecorosos, tais como os acima referidos, em que se misturam falta de compostura e a prática de crimes comuns. É visível, portanto, a configuração, por diversas vezes, de comportamentos incompatíveis com o decoro do cargo, cumprindo impor a sanção política.

10 - PEDIDO

DIANTE DO EXPOSTO, é o presente para requerer a abertura de competente processo de ***impeachment*** contra o Sr. JAIR MESSIAS BOLSONARO, Presidente da República Federativa do Brasil, submetendo-se o pedido, inicialmente, ao **Plenário da Câmara dos Deputados**, após o devido processamento deste perante essa Casa de Leis e outorgado o devido direito de defesa ao denunciado, para que receba esta demanda e admita o seu processamento em seus ulteriores termos, com a oitiva das testemunhas abaixo arroladas que, desde já, requer-se sejam ouvidas[108].

Uma vez recebido o pedido, requer-se seja encaminhado para o **Senado Federal** a fim de se proceder ao julgamento de **mérito**, após a devida tramitação, sendo garantidos os direitos de defesa

[108] As intimações podem ser enviadas para os seguintes peticionários: Miguel Reale Júnior (miguel@miguelrealejr.adv.br), Alexandre Wunderlich (alexandre.wunderlich@wunderlich.com.br), Helena Lobo da Costa (helena@cazadvogados.com), Sylvia Steiner (sylstein@uol.com.br) e Salo de Carvalho (salo.carvalho@uol.com.br)

82

do denunciado. Por último, requer-se seja o pedido julgado perante o **Plenário da Câmara Alta Legislativa**, para que seja provido, por maioria de 2/3 (dois terços) de seus membros, cassando, por consequência, o mandato presidencial de JAIR MESSIAS BOLSONARO e retirando-lhe os direitos políticos pelo tempo de oito anos, por ser medida de direito.

Pede-se, por fim, que a apreciação do presente pedido seja feita em prazo razoável, em atenção à garantia fundamental prevista no art. 5°, LXXVIII, da Constituição Federal, que também se aplica ao Legislador, quando atua como julgador.

Termos em que,
Pedem deferimento.

De São Paulo para Brasília, em 24 de novembro de 2021.

MIGUEL REALE JÚNIOR | **SYLVIA HELENA DE FIGUEIREDO STEINER**

HELENA REGINA LOBO DA COSTA | **ALEXANDRE LIMA WUNDERLICH**

SALO DE CARVALHO | **FLORIANO DE AZEVEDO MARQUES NETO**

83

JOSÉ ROGÉRIO CRUZ E TUCCI

JOSÉ CARLOS DIAS

MIGUEL ROBERTO JORGE

ALOÍSIO LACERDA MEDEIROS

CLITO FORNACIARI JÚNIOR

MÁRIO DE BARROS DUARTE GARCIA

ANTÔNIO CLÁUDIO MARIZ DE OLIVEIRA

ALBERTO SILVA FRANCO

BELISÁRIO DOS SANTOS JÚNIOR

ANTÔNIO FUNARI FILHO

WALTER FANGANIELLO MAIEROVITCH

JOSÉ EDUARDO CAMPOS DE OLIVEIRA FARIA

84

I - ROL DE DOCUMENTOS

Relatório da CPI DA PANDEMIA do Senado Federal, documento em dois volumes, bem como *link* de acesso ao estudo da Faculdade de Saúde Pública da USP em conjunto com a entidade CONECTAS DIREITOS HUMANOS:
https://www.conectas.org/publicacoes/download/boletim-direitos-na-pandemia-no-3.

Conjunto de provas públicas que integram os autos da CPI DA PANDEMIA no Senado Federal, disponível no sítio eletrônico:
https://legis.senado.leg.br/comissoes/docsRecCPI?codcol=2441

Notas taquigráficas das sessões da CPI DA PANDEMIA do Senado Federal, contendo a transcrição dos depoimentos:
https://legis.senado.leg.br/comissoes/comissao?codcol=2441&data1=2021-04-01&data2=2021-12-19

II - ROL DE TESTEMUNHAS

Sr. Carlos Murillo, Presidente Regional da *Pfizer*.

Sr. Dimas Tadeu Covas, Presidente do Instituto Butantan e do Conselho Curador da Fundação Butantan.

Sr. Henrique Mandetta, ex-Ministro da Saúde.

Sr. Nelson Teich, ex-Ministro da Saúde.

Sr. Carlos Lula, Presidente do CONASS - Conselho nacional de Secretários de Saúde.

Sra. Shádia Hussami Hauach Fraxe, Secretária da saúde de Manaus.

Sr. Junior Hekurari Yanomâmi, Presidente do Conselho Distrital de Saúde Yanomami.

Sr. Pedro Rodrigues Curi Hallal, Professor universitário, ex-reitor da Universidade Federal de Pelotas.

Sra. Rosana Richtmann, Infectologista ao Hospital Emílio Ribas.

Sra. Natalia Pasternak, Fundadora do Instituto Questão de Ciência.

Sra. Deisy Ventura, Professora da Faculdade de Saúde Pública da USP e pesquisadora da CEPEDISA.

Sr. Gonzalo Vecina Neto, médico sanitarista, Professor da Faculdade de Saúde Pública da USP, ex-Diretor da Anvisa.

Sr. Cláudio Maierovitch, médico sanitarista, ex-Diretor da Anvisa.